UNA VIDA AUTISTA SIN LIBRETO

TONY HERNÁNDEZ PUMAREJO

ISBN-13: 978-1097967445
ISBN: 1097967441

CONTENIDO

DEDICACIÓN   iii

RECONOCIMIENTOS   iv

INTRODUCCIÓN   v

LOS PRIMEROS DIEZ AÑOS (1990-2000)

CAPÍTULO 1: EL PRINCIPIO   2

CAPÍTULO 2: PASATIEMPOS DE LA INFANCIA   7

CAPÍTULO 3: STAR WARS   11

CAPÍTULO 4: DESAFÍOS DE LA INFANCIA   13

ERA DE TRANSICIÓN (2000-2003)

CAPÍTULO 5: NUEVA ESCUELA   15

CAPÍTULO 6: PRIMER VIAJE A FLORIDA   16

CAPÍTULO 7: VIVIR CON MI PADRE   18

CAPÍTULO 8: AMISTADES FRACASADAS   19

DEPRESIÓN CLÍNICA Y UN DESCUBRIMIENTO (2003-2007)

CAPÍTULO 9: ESCUELA INTERMEDIA   23

CAPÍTULO 10: EL DESCUBRIMIENTO: AUTISMO   25

CAPÍTULO 11: LIDIAR CON LA DEPRESIÓN   27

LOS AÑOS DE SOBREVIVENCIA (2007-2011)

CAPÍTULO 12: EL EMPEORAMIENTO DEL ACOSO   31

CAPÍTULO 13: UN AFECTO INESPERADO   35

CAPÍTULO 14: LA LEY DE ATRACCIÓN Y RELIGIÓN   38

CAPÍTULO 15: LA UNIVERSIDAD   39

CAPÍTULO 16: DESARROLLO PERSONAL   41

CAPÍTULO 17: DEJANDO PUERTO RICO   44

MUDARME A LA FLORIDA (2012 – 2015)

CAPÍTULO 18: REINICIO DE MI VIDA   47

CAPÍTULO 19: OBSESIÓN NEGATIVA 48

CAPÍTULO 20: PRIMER TRABAJO 49

CAPÍTULO 21: EL CASI FINAL 52

CAPÍTULO 22: REGRESO A LA UNIVERSIDAD 53

CAPÍTULO 23: DEFENSOR DE LOS AUTISTAS 57

CAPÍTULO 24: DIFICULTADES CON EL EMPLEO 59

CAPÍTULO 25: LA MEJOR SEMANA DE MI VIDA! 62

CAPÍTULO 26: DESAFIOS Y DISCRIMINACIÓN 70

RECUPERACIÓN (2016)

CAPÍTULO 27: A LEVANTARSE Y LUCHAR 75

CAPÍTULO 28: REGRESO DE DESARROLLO PERSONAL 77

CAPÍTULO 29: OBSTÁCULOS 78

CAPÍTULO 30: EL TRIUNFO: ¡GRADUACIÓN! 81

EL CAMINO POR DELANTE (2017-PRESENTE) 85

PALABRA FINAL 90

SOBRE EL AUTOR 93

DEDICACIÓN

Este libro está dedicado a todos los seres humanos con autismo y otras discapacidades que atraviesan desafíos en la vida, de las cuales muchos han sido ignorados y abandonados en la sociedad. Nunca debe usarse una discapacidad contra un ser humano. El objetivo del libro es eliminar la suposición errónea de que las personas con autismo son una carga negativa para la sociedad. Las personas autistas y con otras discapacidades están aquí para contribuir y hacer una diferencia positiva y duradera en el mundo de hoy. Tienen el mismo derecho a lograr una gran vida como el resto de la sociedad. Demos a estos grandes seres humanos la oportunidad de cumplir su propósito en la vida.

Además, este libro está dedicado a todas las mascotas y animales que tuve el placer de conocer y tener una amistad desde la infancia hasta la edad adulta. Los animales tienen los mismos derechos para vivir una gran vida que los humanos también. Especialmente, quiero dedicar este libro a Cheese, el mejor perro en el mundo.

RECONOCIMIENTOS

Quiero agradecer a mi madre, Evelyn Pumarejo, por su amor incondicional y apoyo a través de los buenos y duros momentos de mi vida. Sin ella, no estaría aquí ahora mismo para contar mi historia. También quiero agradecer a mi padre, Julio Hernández, por su amor y apoyo durante mi vida. También quiero reconocer y agradecer a mi tía, Neida Pumarejo, por su apoyo, especialmente en lo que se refiere a mi carrera. Además, quiero reconocer a mis hermanos mayores Rachel, Julián y mi hermano menor Paul, como también a mi tía Wanda Pumarejo por sus contribuciones.

Me gustaría reconocer y agradecer a Donna Lorman, presidenta del *Autism Society of Greater Orlando* (Sociedad de Autismo de Orlando, Florida) por darme la primera oportunidad de trabajo como voluntario y hacer contribuciones significativas a la comunidad autista en la Florida Central. También, quisiera reconocer y agradecer a Paula Breeden, la presidenta del *ASD Adult Achievement Center* por darme la oportunidad de ayudar a los adultos jóvenes con autismo.

Por último, pero no menos importante, me gustaría dar reconocimiento a las siguientes personas que desempeñaron un papel integral y crítico en mi carrera y en mi vida: Iris Negrón, Iniabel Sánchez, Nelly Pérez, Vicente Quiñones, Maritza Gaviria, Rosa Alvarez, Terri Walsh, Thomas Walker, Richard Calloway, Pedro Cardona, Tony Marín, Maria McCormick, Lisette Guillen-Dolby, Debbie Wheeler, Regina Bellanco, Penny O'Connell y Stephani León.

INTRODUCCIÓN

Mi nombre completo es Antonio Gabriel Hernández Pumarejo. Pero, simplemente me dicen Tony. Nací en la ciudad de Bayamón, Puerto Rico en el Hospital San Pablo el 3 de marzo de 1990, según mi certificado de nacimiento. No limito mi vida a mi edad biológica. No recuerdo mucho los primeros años de mi niñez, pero sí recuerdo momentos en los que no me comportaba como los niños normales. Sentí que había algo diferente en mí, pero no sabía exactamente qué era ni fui muy consciente de ello.

LOS PRIMEROS DIEZ AÑOS

(1990-2000)

CAPÍTULO 1: EL PRINCIPIO

Lo primero que comencé a identificar fue que tenía una discapacidad verbal. Hasta la edad de 4 años, fui completamente no verbal. Sin embargo, había más en mi situación que solamente el problema del habla. No sabía exactamente qué era, pero tenía la sensación de que yo no era como los otros niños. Tuve problemas para entender lo que hacían, cómo hablaban y cómo se comportaban. Esto condujo a un gran malentendido, que eventualmente condujo a que yo sufriera graves ataques de acoso. No sabía cómo responder correctamente debido a la dificultad de entender a otras personas. Debido a esto, cometí muchos errores al responder a diferentes tipos de situaciones. No sabía exactamente qué estaba mal o qué condición tenía, pero sí recuerdo que tuve problemas inusuales.

Recibí un poco más de información sobre los desafíos que tenía cuando me inscribieron en el programa de educación especial, pero aún no sabía exactamente lo que tenía. Durante este período, comencé a ir a diferentes tipos de terapias. De lo que recuerdo, recibí las siguientes terapias: terapia del habla, terapia ocupacional y terapia de conducta. Fui a estas terapias hasta que ingresé al segundo grado, que fue el año en que me sacaron del programa de educación especial por completo. Debido a los desafíos que tenía, me retrasaron un año en la escuela, lo que significa que comencé el grado de kindergarten a la edad de 6 años.

A pesar de estos desafíos, también hubo buenos momentos durante mi infancia. En la escuela, fui a diferentes excursiones e incluso tuve una celebración de cumpleaños en mi salón de clases. Recuerdo a mi sorpresa cuando celebraron mi cumpleaños número 5. El salón estaba decorado estilo *Super Mario*. Como regalo de cumpleaños, recibí el videojuego de *Super Mario All-Stars* para Super Nintendo. Ese día estuvo lleno de diversión y felicidad. Es raro para mí recordar algunas experiencias de mi vida con claridad y otras experiencias no, pero sigue siendo un misterio para mí hasta el día de hoy.

CON MI MAMA, RACHEL Y JULIAN EN UNA FIESTA DE PASCUA

UNA VIDA AUTISTA SIN LIBRETO

Los años que estuve en educación especial fueron los mejores años que tuve en la vida escolar, en contraste con lo que siguió por el resto de mi vida en la escuela. Solo tuve dos personas que consideré lo más cercano a un amigo durante este período. Mi primera amistad fue con una niña, la cual se llamaba Ximena. Ella era mi vecina en el vecindario. La considero mi primera "amiga" que tuve en mi vida. Tuvimos buenos momentos, y jugamos juntos. Fui a su casa muchas veces, y sus padres eran muy buenos conmigo al principio. Sin embargo, ella cambió su comportamiento y sus padres no me permitieron volver a verla. Su madre no quería que su hija estuviera asociada con una persona que fuera rara y no como los otros niños. Reaccioné enojado ante el rechazo, pero no fue lo correcto a pesar del rechazo. Nunca la volví a ver a ella ni a su familia una vez que se mudaron del vecindario. Después de esto, me encuentro con otra niña en la misma escuela. Su nombre era Luz. Ella era divertida y una buena persona. Finalmente se convirtió en mi primera mejor amiga. De hecho, éramos tan buenos amigos que nuestras familias también eran bien unidas. Mi querida mama y su madre fueron muy cercanas. Tuvimos grandes momentos como bailar en la graduación de kindergarten. Ella y su familia también nos cuidaron después de regresar de la escuela por las tardes mientras mi mamá trabajaba a tiempo completo. Entonces, un triste acontecimiento sucedió en la vida de mi amiga. Su madre falleció. No solo fue trágico para ella y su familia, sino que también fue trágico para mí y mi familia. Su madre también era como una madre para mí.

Inicialmente, los primeros años en la escuela elemental Fair View (Trujillo Alto, Puerto Rico) fueron muy buenos. Pero luego de primer grado, mi experiencia empeoró. Durante mis últimos años en esta escuela elemental, fui constantemente acosado, y esa tendencia aumentó a medida que pasaban los días. Peor aún, durante este tiempo, mi madre comenzó a tener problemas de salud y no tuvo más remedio que mudarse fuera de Puerto Rico. Como resultado de este cambio, yo y mis hermanos tuvimos que ir a vivir con mi papa en el 2000. En ese entonces, estaba confundido y no sabía qué estaba pasando. Mi mama se fue por tratamientos médicos por un par de meses y luego se mudó permanentemente a la Florida en el 2001. También fue durante este período entre el año 1998 y 2000 que mis visitas a las terapias cesaron por completo. Nunca entendí la razón por la que dejé de ir a las terapias, aunque no sabía exactamente qué discapacidad tenía (mi mentalidad

4

era que tenía problemas con mi forma de hablar con otras personas). Lo que sabía entonces era que iba a comenzar el cuarto grado en una nueva escuela. Al principio, lo vi como algo bueno, porque ya no quería estar en mi primera escuela elemental, pero al mismo tiempo, me sentía triste porque también tenía algunos buenos recuerdos. Estaba deprimido porque las cosas no iban a ser las mismas, y estaba luchando con el cambio. Esta situación podría haber estado relacionado con la discapacidad desconocida que tenía, pero no lo sabía en ese momento.

CON MI ABUELO MATERNO

CON MI ABUELO PATERNO

CAPÍTULO 2: PASATIEMPOS DE LA INFANCIA

Durante mi infancia pude cultivar diferentes pasatiempos. Cuando era niño, me encantaba ver el canal de muñequitos llamado *Cartoon Network*. Mis primeros programas favoritos de dibujos animados fueron los Supersónicos (The Jetsons) y los Picapiedra (The Flintstones). Luego y después, mis programas de dibujos animados favoritos fueron: La Vaca y el Pollito (Cow *and Chicken)*; Coraje, el perro cobarde (*Courage, the Cowardly Dog*); Johnny Bravo y El Laboratorio de Dexter. También fui fanático de los animes japoneses como *Dragon Ball Z* y *Gundam Wing*. Cuando crecí un poco, vi menos caricaturas. Otro pasatiempo que desarrollé fue ver la lucha libre profesional, porque mi hermano mayor me lo recomendó. Empecé este pasatiempo jugando un video juego llamado *WWF War Zone* para el Nintendo 64. Mi hermano y yo jugamos mucho este juego. También me enteré de que había un programa de lucha libre en la vida real llamado *WWF Raw is War/War Zone*. Los tres luchadores que más solía jugar en este juego eran Stone Cold Steve Austin, The Undertaker y Bret "the Hitman" Hart. Como resultado, empecé ver la lucha libre a finales del 1998. Más tarde, mi madre me consiguió el videojuego de lucha libre llamado *WCW / NWO Revenge*. Fue aquí donde descubrí que había dos compañías de lucha libre: *World Wrestling Federation* (anteriormente WWF, ahora WWE) y *World Championship Wrestling* (WCW). Comencé a ver ambas promociones de lucha semanalmente. Mis luchadores favoritos de WWF fueron Stone Cold Steve Austin y The Rock. Mis luchadores favoritos de la WCW fueron Goldberg, Bret Hart y Hulk Hogan. Más tarde, mis luchadores favoritos en la WWE fueron Kurt Angle, Shawn Michaels y Randy Orton. Aunque ya no sigo lucha libre de cerca, nunca olvido los buenos momentos que tuve con este pasatiempo, y de vez en cuando juego los juegos de *Fire Pro Wrestling* en PlayStation 3 y PC.

Un pasatiempo clave que aprendí cuando era niño era jugar videojuegos. Crecí jugando Super Nintendo y Sega Genesis un poco, pero sobre todo pasé la mayoría del tiempo jugando el Super Nintendo. Me encantó la serie de Super Mario, la cual jugué con mamá y mis hermanos mayores todo el tiempo. Nunca olvidaré esos momentos de alegría. Mis juegos favoritos fueron S*uper Mario World*, *Super Mario All-Stars*, *Mario Kart* y *Super Star Wars*. Luego obtuve el Nintendo 64 y jugué juegos como *Super Mario 64, Diddy Kong Racing, Star Wars: Shadows of the Empire, Star Wars Rogue Squadron, WWF Wrestlemania 2000, WCW Mayhem, WWF No Mercy* y muchos más.

Un pasatiempo que no tuve éxito en desarrollar fue el deporte. La razón por la que nunca jugué deportes con otras personas se debió a la actitud de esas personas mientras jugaban. Debido a la dificultad con mi discapacidad y al no poder entender a las personas de manera efectiva, la mayor parte del tiempo fui atacado y acosado mientras practicaba deportes. Por eso me centré en hacer otras actividades como correr y andar en bicicleta cuando estaba solo.

Otra cosa que sucedió durante mis primeros diez años fue la música. Nunca tuve un género musical claro o favorito que me gustara Todo lo que hice fue concentrarme en el ritmo de la música y escuchar lo que otras personas escuchaban en mi hogar. He escuchado diferentes canciones, a pesar de que nunca fui bueno en el aprendizaje de las letras o el nombre de los artistas que cantaban esas canciones.

Un pasatiempo interesante que desarrolle fue obsesionarme con las montañas, carreteras y puentes. Cada vez que fui a las montañas del centro de Puerto Rico (especialmente Aibonito, donde se encontraba la mayor parte de mi familia), me quedaba sorprendido por la vista de las montañas y me centré en los detalles de esas montañas. También me encantó ir al Bosque Nacional del Yunque. Estaba tan obsesionado con las montañas, las carreteras y los puentes que también hice dibujos de ellos en papel (lo cual resultó en otro pasatiempo para mí, que era el arte). Luego procedí a hacer dibujos de otras cosas que me gustaban, como, por ejemplo: *Star Wars*, videojuegos, lucha libre, etc. Entre el 1998 y el 1999, me inscribí en la Escuela Liga de Arte en San Juan, donde tomé clases de dibujo y pintura. Luego, años más tarde, me inscribí para tomar clases en la Escuela de Artes Plásticas y Diseño de Puerto Rico. Siempre he mantenido una fascinación por las artes.

Otro pasatiempo raro, pero interesante que tenía, era obsesionarme con el clima. Viviendo en una isla tropical, yo atravesé por diferentes tormentas y huracanes. Mi obsesión con los huracanes me llevó a pensar que podría ser meteorólogo cuando fuera adulto. Me gustó rastrear las trayectorias de los huracanes y estaba obsesionado con saber a dónde iban a pasar esas tormentas. Incluso hice dibujos de huracanes también.

Otra cosa con la que yo estaba obsesionado era la comida. Me encantaba comer la comida hispana, especialmente la comida puertorriqueña, como el arroz con habichuelas, amarillos, tostones, pernil, pollo, y postres como el flan y el tembleque. Al mismo tiempo, estaba obsesionado con la comida chatarra, especialmente con los *chicken nuggets* de Burger King.

Cuando era niño, una de las cosas que me gustaba eran las actividades familiares, especialmente durante la época de la Navidad. Mis actividades familiares favoritas eran el Día de Acción de Gracias, el Día de Año Nuevo y el Día de los Reyes Magos. La mejor parte de estas actividades fue la excelente comida y el recibimiento de regalos en el Día de los Reyes Magos. En cuanto a la comida, me encantaron el arroz, las habichuelas, el lechón, el pollo, los tostones, la ensalada de papas, los amarillos, etc. También, no falta de mencionar los increíbles postres festivos hechos en estas actividades como el tembleque, tres leches, arroz con dulce y el flan. Otra cosa que disfruté en la infancia fue cuando iba a la casa de mis abuelos maternos. Me quedé con ellos la mayoría de los fines de semana. Mi abuela materna cocinaba tostada francesa para el desayuno y ella cocinaba buena comida al lado de mi tía materna, Wanda. También mi abuelo materno cocinaba desayuno como la farina y otros platos. Una cosa divertida de mi infancia es que me encantaba ver el programa de Barney, el dinosaurio. Una cosa interesante de esto es que siempre me enojé cuando apagaban la televisión mientras el programa de Barney estaba corriendo o cuando terminaba el programa. Este patrón de ser interrumpido era parte de la condición que tenía y de la cual no era consciente cuando era un niño. Estos pasatiempos eran geniales, pero hubo un pasatiempo importante que definió mi vida para siempre: ¡*Star Wars!*

CAPÍTULO 3: STAR WARS

Cuando tenía cinco años, vi por primera vez la película original de la Guerra de la Galaxias (*Star Wars*), la que fue lanzado originalmente en 1977 en *VHS*. No sabía exactamente qué era, pero me dijeron que era una trilogía de películas que hablaba de la historia de Luke Skywalker. La historia consistía en el entrenamiento de Luke para convertirse en un guerrero llamado Jedi, con el propósito principal de derrotar al señor oscuro de la fuerza llamado Darth Vader y su malvado imperio. Luego, cuando tenía seis años, procedí a ver toda la trilogía. Estaba muy impresionado, aunque todavía no sabía todo acerca de *Star Wars*. Recuerdo que en el 1997 iban a lanzar la edición especial de la trilogía original de Star Wars en las salas de cine. Desafortunadamente, no vi las películas en el cine. Pero, la buena noticia fue que cuando obtuve excelentes calificaciones en la escuela, mi madre me regaló la trilogía de Star Wars: edición especial en *VHS*. Fue uno de los mejores días de mi vida y vi esas películas una y otra vez.

Poco después, fui al Castillo Serrallés en Ponce, Puerto Rico. Durante mi visita, fui a una de las habitaciones, donde el guía turístico dijo que tenía una colección de Star Wars. Dijo durante la visita que esta sería la última vez que la colección iba a estar en el castillo. Era una habitación que pertenecía a uno de los miembros de la familia Serrallés. ¡Una vez que entré en la habitación, me quedé sorprendido por lo que vi! Inmediatamente, después de entrar en la habitación, comenzó a aparecer humo y se apagaron las luces. Se sintió como si hubiera entrado en una nave espacial. Era un pasillo que me llevaría a la sala principal de la colección. Luego entré en la sala principal, donde se encontraba la colección de Star Wars. La habitación era una réplica de la base echo de Hoth (vista en la película *The Empire Strikes Back*). Me impresionó tanto la colección que me comprometí ese día a crear mi propia colección de Star Wars, la cual sigue siendo uno de mis principales objetivos en mi vida hasta el día de hoy. Fue ese día que me convertí oficialmente en fanático de Star Wars de por vida. Vi la trilogía original una y otra vez. Se convirtió en un pasatiempo importante. Me emocioné cuando supe que George

Lucas iba a hacer una nueva trilogía de Star Wars, la cual contaría la historia de Anakin Skywalker, quien más tarde se convertiría en Darth Vader. *The Phantom Menace* (La Amenaza Fantasma) fue la primera película de Star Wars que vi en el cine. Algo de lo que me arrepentí fue que mi mama me compró juguetes de Star Wars y no los cuidé como debería hacerlo. Luego, cuando se lanzó la segunda película de la trilogía nueva, *Attack of the Clones* (El Ataque de los Clones), fue aquí donde comencé a coleccionar los juguetes de Star Wars. Una y otra vez intenté crear mi colección de Star Wars, pero tuve dificultades para trabajar en la colección debido a las circunstancias. En general, mi conexión con el universo de Star Wars continuaría creciendo desde allí y hasta el día de hoy, estoy orgulloso de ser un fanático de Star Wars de por vida.

CAPÍTULO 4: DESAFÍOS DE LA INFANCIA

Una de las cosas más importantes de que hablar de los primeros 10 años de mi vida fueron mis luchas diarias. Fui una persona con muchos sentimientos, emociones y retos en términos de mis interacciones con las personas. Sabía que tenía problemas y que no era como los otros niños, pero no estaba seguro de qué tipo de discapacidad tenía en ese momento. Cuando estaba en mi primera escuela, estaba solo atravesando por una soledad crónica. Todos me ignoraron o me atacaron, acosándome emocional, mental y físicamente. Hubo otros momentos como, por ejemplo, cuando fui a una excursión para ver una obra en un teatro. Durante la obra, un adulto detrás de mi asiento me señaló y me dijo que me callara y me sentara. Esta persona me había hecho sentir tan mal que, a lo largo de la obra, simplemente cerré los ojos y no vi el resto de la obra. Algo similar sucedió cuando fui con mi familia a un lugar de entretenimiento llamado *Discovery Zone*, la cual fue un lugar donde tenían un patio interno y máquinas de juegos. Estaba jugando en uno de los patios de recreo, y cuando comencé a entrar en una sección del patio de recreo, me dijeron que no debía pasar por uno de los trabajadores del lugar. El problema fue la forma en que lo hizo, la cual me hizo sentir mal y salí del patio de recreo. No sé por qué tomé estas acciones en respuesta a estas situaciones, pero una vez que descubrí más sobre lo que tenía, tenía sentido. Además, pasé por tiempos difíciles en mi familia. Mis padres se divorciaron cuando yo tenía 5 años. Mi relación con mis hermanos mayores no fue tan cercana durante la infancia. Tenía alguna conexión con miembros de la familia extendida tanto por parte de mi madre como de mi padre, pero esas conexiones disminuyeron años más tarde. Fue muy difícil para una persona con una discapacidad pasar por estos problemas.

ERA DE TRANSICIÓN (2000-2003)

CAPÍTULO 5: NUEVA ESCUELA

Me mudé con mi padre en el año 2000, lo que significaba que iba a comenzar el cuarto grado en una nueva escuela elemental. Comencé la nueva escuela con nuevas expectativas y con la esperanza de que el cambio de escenario me ayudaría a resolver mis retos en mi vida. Inmediatamente, vi que estaba equivocado. Fui atacado e intimidado inmediatamente en la nueva escuela. Sin embargo, tuve una buena conexión con mis maestros, especialmente la maestra de ciencias e inglés. La maestra de ciencias se parecía físicamente a mi mamá. También me llevé bien con los maestros de mi primera escuela elemental. Eventualmente, pude hacer algunas mejoras en mi vida desarrollando nuevas amistades. Obtuve dos nuevos "amigos", y sus nombres eran William y Víctor. Empecemos con William primero. Era muy inteligente y un estudiante de excelentes calificaciones. Luego a través de él, conocí a Víctor. Al principio era agradable, pero luego me trato como basura. Tuve que lidiar con su actitud por el mero hecho de mantener mi amistad con William. Incluso me golpeó en cuarto grado y me intimidó hasta el quinto grado. Lo peor de todo esto fue que no pude defenderme, y fue aquí donde comencé a culpar a mi discapacidad desconocida. A pesar de esta situación negativa, en el 2001 pude viajar por primera vez fuera de Puerto Rico.

CAPÍTULO 6: PRIMER VIAJE A LA FLORIDA

En verano del 2001, viaje a los Estados Unidos. Fui a la Florida, donde vivía mi mamá. En ese viaje, fui a lugares donde nunca había estado. Primero, fui a los parques de diversiones de *Islands of Adventures* y *Universal Studios*. En esos parques, me monte in diferentes atracciones como *Jurassic Park*, *Men in Black*, *Spider Man* y otras atracciones increíbles. Luego fui a *Sea World,* donde fui a diferentes atracciones como el paseo de Atlantis, el show de Shamu y me monte en la atracción del ártico salvaje. Luego fui a *Busch Gardens*, donde me monté en algunas de las mejores montañas rusas del mundo, a pesar de tener miedo en montarme en ese tipo de atracciones. También me encantó la zona del zoológico de *Busch Gardens*. Entonces, logré uno de mis sueños de ir a los parques de *Walt Disney World*. Primero, fui al parque de Epcot. Lo único que me gustó aquí fue entrar en la atracción de *Spaceship Earth* y el ambiente internacional. Luego, fui al parque de *Magic Kingdom*, donde cumplí uno de mis sueños y me tomé una foto con Mickey Mouse en persona. Entonces, finalmente, fui al parque de *Hollywood Studios*. En este parque, fui a la atracción que he esperado montar por mucho tiempo: *Star Tours*, la cual era un paseo de simulación 3D. Esta atracción me llevó a través de todo el universo de Star Wars y fue súper divertido. Esta fue una experiencia que nunca olvidaré en mi vida. Incluso fui a la tienda estilo *Tatooine* (planeta de desierto que aparece en la primera película de Star Wars) que estaba junto a la atracción. En esta tienda, pude comprarme obtuve una taza hecha de hielo que duró años. Entonces fui al parque de *Animal Kingdom*. Lo único que recuerdo de este parque fue la atracción de *Bugs Life* y *Kali River Rapids*. Por último, pude ir a la estación espacial de la NASA en el Cabo Cañaveral. En general, el viaje fue muy bueno, y lo pasé muy bien. Sin embargo, no pude ver a mi madre en persona por los próximos 2 años (hasta el 2003). Un año después, nació mi hermano menor Paul.

CONOCIENDO MICKEY MOUSE

CON MI MAMÁ

CAPÍTULO 7: VIVIR CON MI PADRE

Ahora voy a hablar de los primeros años viviendo con mi padre. Era raro vivir con mi padre cuando, por lo general, los niños viven con la madre después de un divorcio. Fue un periodo de confusión y dificultad. Un punto culminante de estos primeros años con mi padre fue cuando planeó mi fiesta de cumpleaños número 11 en el 2001. Fue la celebración de cumpleaños más grande que he tenido hasta el día del hoy. La razón por ello fue porque también se celebró los cumpleaños de sus mejores amigos en el mismo día. La mayoría de los miembros de la familia vinieron a la fiesta. Sin embargo, algo extraño me pasó esa noche. Fui a mi apartamento a buscar otra toalla para la piscina. Luego, cuando llegué al ascensor, me encontré con un grupo de gente joven borracha. Estaban tocando todos los botones del ascensor. Me asusté y salí del ascensor y bajé a la piscina usando las escaleras. A pesar de este inconveniente, fue una gran noche.

Luego ingresamos al año 2002. Durante este año, nos mudamos a una casa más grande en una urbanización cercano al condominio en el que vivíamos anteriormente. Lo bueno era que íbamos a tener más espacio en la nueva casa. Lo malo era que nuestra calle era pequeña y estrecha, y el área no era buena. Había gente en la urbanización que molestaban. Esta fue la razón la cual no salí mucho de mi casa. Mirando hacia atrás ahora, debería haber ignorado a la gente molestosa y debería haber salido más a menudo y reunirme con gente adecuada. Quizás esto hubiera hecho la diferencia con los desafíos en mi vida. Esto fue parte de la lucha más grande que he tenido en mi vida y que, desafortunadamente, todavía no he podido superar por completo.

CAPÍTULO 8: AMISTADES FRACASADAS

En el 2002, entré al sexto grado. Fue allí donde conocí a mi tercer nuevo "amigo", José A. Empezamos la amistad hablando de videojuegos y pude crear un tipo de conexión. Al mismo tiempo, no solamente tenía problemas con Victor, sino que también, empecé a tener problemas con William. Ambos empezaron a tratarme muy mal y humillarme. Esta situación se empeoro cada día. Peor aún, ellos me presionaron para que dejara a José A como amigo y lo ignorara sin ninguna razón. Esta fue una clara señal de que esas "amistades" estaban llegando a su fin. Debería haber encontrado gente nueva y tratar de crear mejores amistades, pero no lo hice por el miedo de quedarme solo en la escuela. Esta fue una lucha con la que tuve que lidiar diariamente en mi vida escolar.

Para mejorar esta situación, comencé a invitarlos a mi casa para jugar videojuegos. Normalmente, se hacían estas actividades durante los sábados. Tuvimos buenos momentos en estas actividades, pero también hubo malos momentos cuando ellos se quejaban cuando perdían en esos juegos. En general, fue una buena iniciativa que usaría durante los próximos años para invitar a otras personas y tratar de crear amistades duraderas. Durante mis años de escuela elemental, siempre tuve excelentes calificaciones a pesar de mi dificultad para establecer conexiones con los otros estudiantes. Recuerdo que, durante este tiempo, apenas yo estudié para los exámenes. La razón fue porque el material no era demasiado complicado y era fácil retener la información. Esto sucedió a pesar de mi discapacidad. Sin embargo, lo malo de obtener buenas calificaciones fue que se convirtió en una obsesión enfermiza. Esta obsesión era que si no sacaba buenas notas, iba ser castigado por mi padre. Creo que mi discapacidad tenía que ver con esta obsesión. Sin mencionar que también participé en una competencia inmadura con otros estudiantes en términos de obtener mejores calificaciones que ellos. Esto duró a lo largo de mi vida escolar. Este hábito malo lo aprendí de William, ya que siempre me ridiculizaba cuando el tenía mejores calificaciones que yo. Esto contribuyó a poner un fin a esa "amistad". Peor aún, no pude defenderme correctamente contra su intimidación. Más tarde, en el 2003, pude graduarme de la escuela primaria con una calificación escolar de 3.97 A. Me sentí frustrado porque no tenía un promedio de calificaciones de 4.00 puntos debido a la obsesión poco saludable de tener la calificación de A en todas las materias. También en el 2003, mis hermanos mayores se graduaron al mismo tiempo que yo (Rachel se graduó de la escuela superior y Julián se graduó de la escuela intermedia). Además, mi mamá visitó Puerto Rico con mi nuevo hermano menor Paul. Nos lo pasamos muy bien, y nos fuimos a diferentes lugares durante su visita. En general, mayo del 2003 fue el único buen mes de ese año. Sin embargo, fue en este mismo año que la condición que iba a sufrir en los próximos años comenzó a presentarse en mi vida: la depresión clínica. Durante el sexto grado, estaba en el proceso de solicitar a diferentes escuelas intermedias. Tomé diferentes evaluaciones para enviar solicitudes a algunas de las mejores escuelas intermedias de Puerto Rico (como *Baldwin School* y el Colegio San Ignacio). Sin embargo, no pude obtener los resultados que necesitaba para ser aceptado en una de estas escuelas (por ejemplo, en *Baldwin School* iban a seleccionar solo 2 estudiantes y terminé en el 4° lugar para la beca estudiantil de ellos). Después de esto, se usaron los resultados del examen de la escuela de Baldwin y me ingresaron al Colegio Nuestra Señora de la Providencia, una escuela católica. La primera vez que escuché sobre esta escuela fue cuando José A me contó que él fue ingresado al mismo. Además, mi padre estaba considerando ubicarme en otras escuelas privadas como Sagrado Corazones, *Rosa Bell* y Colegio Marista. El problema que tenía aquí, la cual estaba afectando mi vida negativamente era la tendencia de no estar solo. Supuse erróneamente que tenía que ir a una escuela a la que iba a ir uno de estos "amigos" y, debido a esto, le dije a mi padre que me pusiera en el colegio de la Providencia, adonde iba ir también José A. Luego, tuvimos una reunión en el colegio con la directora. Después de la reunión, mi padre me inscribió en esta escuela. Oficialmente iba empezar la escuela intermedia en este colegio. Como dice el dicho: "la suerte está echada". No había vuelta atrás. Este fue el error más grande que he cometido en mi vida. A partir del 2003, empezó el período más difícil de mi vida.

CON MI PADRE EN LA GRADUACIÓN DE SEXTO GRADO

CON MI MADRE Y PAUL EN LA GRADUACIÓN DE SEXTO GRADO

DEPRESIÓN CLÍNICA Y UN DESCUBRIMIENTO

(2003-2007)

CAPÍTULO 9: ESCUELA INTERMEDIA

En agosto del 2003, comencé mi primer año en la escuela intermedia. Esto fue importante porque marcó el tono para los cuatro años de acoso escolar vicioso que atravesé en el colegio. Tenía miedo de defenderme porque no sabía qué hacer. Para el primer día de clases, me presenté frente a mi nuevo salón de clases e inmediatamente los ataques de los abusadores comenzaron. Fue increíble que el primer día de clases, mis nuevos compañeros de clase empezaran a acosarme. Lo único bueno de mi primer año fue mi maestra del salón de clases. Ella era también mi maestra de español y me dio apoyo importante durante este periodo difícil. También tuve una buena conexión con las maestras de historia, inglés y matemáticas. Al mismo tiempo, también tuve malos maestros durante séptimo grado. Una maestra con la que tuve problemas fue la maestra de religión. Fue arrogante y sin empatía, especialmente cuando una vez no me dejó entrar a la cafetería porque supuestamente estaba fuera de la fila de estudiantes. Sin embargo, extrañamente tuvimos una relación mas cordial después de séptimo grado. Sin embargo, ella no era tan mala como el maestro de ciencias. Antes de entrar a su salón de clases todos los días, yo siempre estaba aterrorizado. Ese maestro me hizo pasar por diferentes momentos humillantes y malos momentos. Llego a tal punto la cual estuve cerca de no completar el curso. La clase de ciencias en séptimo grado me afectó mi vida en diferentes aspectos. Comenzando con ese maestro, comencé a dedicar más tiempo a los estudios y esto continuó hasta la universidad. La consecuencia fue que se creó un hábito poco saludable de pasar más tiempo estudiando en la casa y no salir a tratar de crear amistades sociales. Como resultado, mi depresión crónica fue en incremento y mi situación diaria se empeoro. A pesar de estudiar mucho para su clase, obtuve la calificación de C, no importando lo mucho que estudié. Fue la única calificación C que obtuve en séptimo grado, ya que obtuve una calificación de A en las otras clases. Lo peor de todo era que iba a volver a coger la clase de ciencias en décimo grado con el mismo maestro. Hablare de esto más tarde. En cuanto a las relaciones con otros estudiantes, tuve a José A de la escuela elemental como amigo, pero no estábamos en el mismo salón de clases. En mi propio salón de clase, no tenía una conexión cercana con ningún estudiante. Esto fue debido a los ataques que recibí desde el primer día de clases. Me atacaron porque no les estaba siguiendo el juego con sus bromas. En adición, comencé a recibir ataques e insultos homofóbicos porque no caí en la trampa de ellos en obligarme a gustar una chica en ese momento. Fui acosado con más frecuencia aquí que en todos los años de escuela elemental. Pensé que estar matriculado en un colegio privado y católica mejoraría la situación, pero ocurrió lo opuesto. Esos abusadores empeoraron mi vida e incluso me dijeron que yo era inhumano.

Mi salón de clases me hizo tanto daño que tuve que hablar con la psicóloga de la escuela para ver si ella podía ayudarme. Esto ayudó un poco en mejorar mi situación, pero los ataques continuaron. A pesar de esta situación, pude ser un poco exitoso y conocer más personas como "amigos". De hecho, pude establecer una conexión más estrecha con estas personas que con los antiguos amigos de la escuela elemental. El primero fue Alejandro, quien también era un fanático de Star Wars. Entonces conocí a Pedro. Era una persona seria, pero al mismo tiempo, era un buen muchacho y un excelente estudiante. Pude conocer a otras personas la cual pensé que iban a ser mis amigos, pero al final no tuve éxito. Como consecuencia, mi amistad fue rechazada por ellos. Al igual que con William y Victor, me vi obligado a estar con esas personas porque eran amigos de Alejandro y Pedro. Ellos fueron considerados como las personas más cercanas a una verdadera amistad. Al mismo tiempo, mi amistad con José A se redujo y empezó a desaparecer. En general, mi primer año de escuela intermedia fue una pesadilla y con el tiempo solo se empeoró la situación. Sin embargo, en el 2004, se produjo un evento importante que marcaría el resto de mi vida. Fue el evento donde descubrí lo que realmente tenía como discapacidad.

CAPÍTULO 10: EL DESCUBRIMIENTO: AUTISMO

Mi padre me llevo a este evento sobre una cosa llamada "autismo". Fue la primera vez que escuché esta palabra o término, "autismo". Él me dijo que era una discapacidad de desarrollo y me informo también que esta era la condición la cual fui diagnostico cuando era niño. La pregunta que me hice fue la siguiente: ¿Por qué me entero del autismo en esta etapa de mi vida? Mi madre nunca me habló de autismo cuando viví con ella. Mi padre no me lo dijo hasta este evento. No sería hasta más tarde que descubrí que había diferentes formas de Autismo. Luego procedí a obtener más información sobre el autismo y como me afectaba en mi diario vivir. Años más tarde, mi padre me dijo que fui diagnosticado con un tipo específico de autismo llamado síndrome de asperger. Estudie y revise la información sobre esta discapacidad. Aprendí que las personas con autismo tienen diferentes tipos de retos según su nivel de funcionamiento. En el proceso de estudiar esta información, empecé a ver paralelismos entre los desafíos que he tenido en mi vida hasta ese entonces y los desafíos que las personas con Autismo estaban atravesando. Estamos hablando de los desafíos como la discapacidad verbal, las dificultades en la comunicación y los problemas de relacionarse con otras personas. Este evento fue el comienzo de mi entendimiento con el Autismo. A pesar de este acontecimiento, mi vida no mejoró cuando empecé a realizar una investigación sobre el trastorno del espectro autista. Sin embargo, este evento me hizo más consciente de esta condición y cómo me afectaba en mi diario vivir.

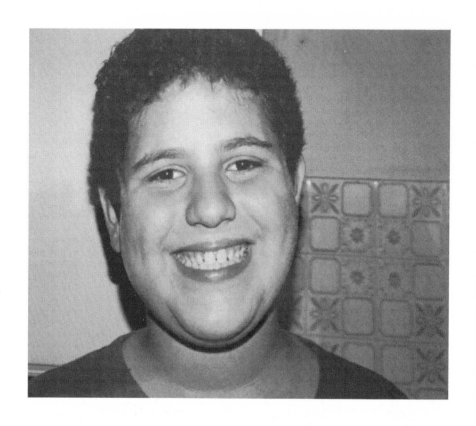

CAPÍTULO 11: LIDIAR CON LA DEPRESIÓN

Cuando entramos a finales de 2004, los desafíos que tenía en mi vida incrementaron. No solo estaba lidiando con mi discapacidad (la cual ahora sabía que era llamado Autismo), sino que también estaba lidiando con una depresión clínica. Seguí recibiendo acoso en la escuela, esta vez estando en el peor salón de clase en octavo grado. También, terminé mis "amistades" con William y Victor ese mismo año. Me acosaron tanto que era hora de terminar esas relaciones no saludables. Para poder lidiar con todas las situaciones negativas en mi vida (acoso, depresión, etc.), me enfoque más en los videojuegos y Star Wars. Durante esos años, disfruté de las precuelas de Star Wars. A pesar de esto, no fue suficiente para lidiar con las situaciones negativas en mi vida. Entre el 2004 y 2007, me esforcé mucho por construir verdaderas amistades en mi vida. Por ejemplo, fui más o menos exitoso en establecer conexiones con Pedro y Alejandro. Ellos pertenecían a un grupo de estudiantes que jugaban video juegos y juegos de mesa. Sin embargo, hubo momentos en los que fui ignorado y rechazado no solo por las otras personas del grupo, pero también fui rechazado e ignorado por Alejandro y Pedro de vez en cuando. Esto fue innecesario, la cual contribuyó a mi depresión clínica. A pesar de esto, seguía siendo amigos de ellos porque no tenía a nadie más con quien estar durante el recreo.

Debido a la actitud de rechazo por parte de ellos, traté entonces en establecer amistades con otras personas de otros grupos. Sin embargo, este proceso no funciono. Lo peor de todo fue que no pude entender el porqué del rechazo por parte de estas personas. Este es un síntoma clave la cual pude identificar al estar en el espectro del autismo. Eran muchas cosas que no entendía de la mayoría de las personas, especialmente las bromas. Esto podría ser una de las razones por la cual los otros estudiantes pensaban que yo era una persona rara, y como resultado, fui acosado sin fin. Di mi mejor esfuerzo para encajar con diferentes grupos de estudiantes, pero fue en vano. Además, es importante recordar que también soy responsable de esto, independientemente de la discapacidad mía del Autismo. Por ejemplo, una de las cosas con las que luchaba eran las manipulaciones de las personas con las que yo andaba durante el recreo escolar. Ellos siempre me decían que no debía ser amigos de otras personas específicas, porque si lo hacía, ellos no me hablarían jamás. En lugar de destacarme por mí mismo y distanciarme de esas personas negativas, me quedé en el conformismo con esas mismas personas por el temor de estar solo. A consecuencia de esta situación, esto afectó mi capacidad de conocer a otras personas de diferentes intereses. Debido a la situación difícil que estaba atravesando en esta escuela, el enfoque mío era irme y encontrar otra escuela para resolver este problema. Incluso, intenté mudarme a la Florida y terminar la escuela superior allá. Sin embargo, debido a los problemas que mi madre estaba atravesando, no pude irme a vivir con ella. A pesar de la situación difícil que atravesé en este colegio, pude sobrevivir y obtener buenas calificaciones con algunas excepciones. Tuve una gran relación con mis maestros, con la excepción de algunos. Me gustaron las maestras de historia (todos los grados), maestra de música, maestra de religión (noveno y décimo grado), maestra de matemáticas (octavo y noveno grado) y muchos más. Especialmente me encantó la clase de piano, y por un tiempo pensé que iba a ser un pianista. También tomé clases de arte y computación. Sin embargo, hubo maestros negativos como la de matemáticas de décimo grado, la cual era muy estricto y me gritaba mucho. Luego tomé clases de nuevo con el mismo maestro de ciencias de décimo grado. Fue fuerte, pero no fue tan mal como el séptimo grado. En adición, pude hacer mi primera comunión en séptimo grado (normalmente se hacía en tercer grado). Debido a este inconveniente, me sentía avergonzado porque yo era mayor que los otros estudiantes que tomaban las clases de la primera comunión. A pesar de esta situación, pude hacer mi primera comunión. En general, mi experiencia de esta escuela intermedia y superior fue de pura supervivencia, pero podría haberse manejado de una mejor forma. Me fui del Colegio de la Providencia en mayo del 2007 y me fui a otro colegio católico para terminar los dos últimos años de escuela superior.

A pesar de haber pasado por tantas escuelas y desafíos en crear amistades desde el 2000 hasta el 2007, fui capaz en mejorar mis habilidades verbales. Esto me ayudo en comunicarme de una forma más normal con otras personas. Sin embargo, los problemas de comunicación y relaciones sociales (aunque mejoraron un poco) continuaron presentando desafíos en mi vida. Debido a los problemas que estaba atravesando en mi vida, mi padre me llevo a una psiquiatría para ver si mi vida podía mejorar. El psiquiatra me recetó Zoloft, la cual se suponía que me ayudaría con mi depresión. Al principio me ayudó, pero mi situación no mejoro. Lo que me ayudó durante este tiempo fue jugar videojuegos, ver la lucha libre y ver las películas de Star Wars. Jugué los mejores video juegos del 2003-2007, como: *Halo, Super Smash Bros, Star Wars Battlefront, WWE SmackDown, Star Wars: Knights of the Old Republic*, y muchos más juegos. Sin estos pasatiempos, mi vida hubiera sido mucho peor.

LOS AÑOS DE SOBREVIVENCIA
(2007-2011)

CAPÍTULO 12: EL EMPEORAMIENTO DEL ACOSO

Mientras que los años del 2003 al 2007 fueron años muy horribles, lamentablemente lo peor estaba por venir. Me fui del Colegio Nuestra Señora de la Providencia en el 2007 y me uní al Colegio Nuestra Señora del Rosario en Vega Baja, Puerto Rico para cursar los últimos dos años de la escuela superior. La razón principal por la que fui a esta escuela fue que mi papá se casó nuevamente y necesitábamos mudarnos con su nueva esposa y sus hijos. Si hubiera tenido una mejor experiencia en la Providencia, quizás habría presionado a mi padre para que me quedara en esa escuela. Pero lo mismo hubiera dicho si me hubiera ido a otra escuela. Además, mi plan original era mudarme con mi madre en el 2007 y terminar los últimos dos años de escuela superior; pero no se materializó. En cualquier caso, esta era una nueva oportunidad para mejorar mi vida, la cual ha sido de muchas situaciones negativas. En cuanto a la nueva casa que me iba a mudar, las personas con la que iba a vivir eran considerados extraños para mí en ese momento. Durante el tiempo que estuve ahí, no hubo una conexión estrecha a pesar de mis esfuerzos de crearlo.

Mi objetivo principal era reiniciar mi vida en la nueva escuela. Me mude a la ciudad de Vega Baja, Puerto Rico en agosto de 2007. Pensé de nuevo que las cosas en mi vida iban a mejorar. Lamentablemente, volví a equivocarme. Las cosas empezaron bien en la nueva escuela durante el inicio de clases. Sin embargo, comenzaron de nuevo los ataques de acoso. Imagínese estar en undécimo grado y todavía siendo acosado innecesariamente. Los ataques de acoso fueron peores que en el colegio anterior. Fui acosado tan fuertemente, que causo que pensamientos de suicidio volvieran a entrar a mi cabeza por primera vez en mucho tiempo. Traté de ser aceptado por los demás estudiantes, pero fue en vano. Los abusadores de todas las escuelas que he estado en mi vida han hecho tanto daño, que la única salida que tenía para terminar con esta pesadilla era el camino del suicidio. Este fue el periodo donde escribí mis cartas de suicidio por primera vez. A pesar de realizar estos pasos, no seguí con mis planes de suicidio por miedo y falta de determinación. Como resultado, me sentí completamente impotente para hacer cualquier cosa en mi vida. Los nuevos ataques de estos abusadores llegaron en el punto más bajo de mi vida. Uno de estos ataques fue cuando los abusadores de décimo y undécimo grado crearon perfiles falsos en la red social *MySpace*. Me robaron la identidad y escribieron muchas cosas falsas de mi persona. Dijeron que yo era homosexual y otras cosas horrendas. Lo peor de todo esto fue que no pude luchar contra estos criminales de una manera más agresiva. Traté de contactar a *MySpace* para cerrar esos perfiles falsos, pero no hicieron nada al respecto. Mirando hacia atrás, debería haber llamado a la policía y haber acusado a estos abusadores de robo de identidad. Los ataques de acoso que me han perseguido a través de mis escuelas anteriores continuaron afectándome en este colegio nuevo. La peor parte de esta historia de ataques de intimidación era que yo me criticaba a mí mismo porque no podía defenderme.

No importa lo que hacía para tratar de mejorar mi situación, fracasé una y otra vez. Mi vida en el nuevo hogar no estaba mejorando. Mi relación con mis hermanos era casi inexistente. Me dejaron atrás otros familiares. Fui atacado y mal entendido por todos en este mundo. Mis "amigos" de mi escuela anterior me traicionaron por completo y me arrojaron debajo del autobús. Aunque ahora sabía que tenía la condición del espectro autista llamada asperger, aún no sabía mucho sobre esta discapacidad. Durante este tiempo, me preguntaba por qué descubrí sobre la existencia del autismo en esta etapa de la adolescencia y no antes. Me estaba preguntando la razón o las razones la cual mis padres nunca me dijeron sobre esta condición. Mi padre me dijo que tenía autismo en 2004 y luego se confirmó que era el síndrome de Asperger. Mi madre nunca supo sobre el autismo al inicio. A ella se le dijo cosas diferentes sobre lo que yo tenía cuando me llevo a coger diferentes terapias (habla, ocupacional y conducta) durante los años noventa. Esto no es situación completamente rara. Ha habido historias de personas que no se enteraron que tenían autismo hasta más tarde en la vida. Es un proceso frustrante para las personas con autismo atravesar por estas situaciones de vida. En mi situación, desde ser llamado un retardado por un oficial escolar con mi madre presente hasta ser acosado por los abusadores escolares me hicieron sentir que yo estaba atravesando por el infierno en la Tierra.

Con todos los problemas que estaba atravesando en mi vida, no veía una solución. Como resultado, esta fue la primera vez que quise obtener algo y usarlo para matarme a mí mismo y terminar con esta pesadilla, pero no lo hice. Para ser honesto, no sé cómo pude sobrevivir esos años.

Durante este tiempo trate de hacer nuevos amigos. Por una extraña razón, pude hablar y encontrar una conexión con más personas en esta escuela. Eso no significa que haya tenido éxito aquí en la creación de verdaderas amistades. Las primeras personas que conocí fueron Roberto, Saribet y Ashley. Fueron amables y fueron excelentes estudiantes. Más tarde, conocí a Carlos y Daniel en una excursión escolar a Ponce, Puerto Rico, en 2007. Tuvimos una conexión a través de intereses comunes como Star Wars, videojuegos y otras cosas de nerd. Luego fui presentado a Peter por Daniel y Carlos. No nos llevamos bien al principio, pero después pudimos mejorar nuestra relación. El resulto ser lo más cercano a un amigo en ese entonces.

Luego procedí a conocer a Anton, Valeria y Estefanía. Anton fue amable y gran caballero. De hecho, fue una de las primeras personas que realmente se me acercó y se presentó cuando empecé en el nuevo colegio. Lamentablemente, se fue en mediados del grado 11 a otra escuela. Desearía haber hecho más para crear una posible amistad con él. Yo lo veía como un futuro líder en la sociedad. Lamentablemente, falleció en septiembre de 2015. Estefanía fue muy agradable. De hecho, ella fue la primera persona en preguntar si necesitaba ayuda en la escuela nueva, y me dijo que le hiciera saber. Ella fue una excelente estudiante. Además, conocí a su prima Valeria, y ella era una persona agradable y excelente estudiante. Por último, pero no menos importante, conocí a Cristian del otro salón hogar en undécimo grado. Era una buena persona. Pude mantener algo de contacto con él durante la universidad. Pudimos hablar sobre cosas que sucedieron más adelante en mi vida (ley de atracción, desarrollo personal, libertad financiera, etc.). Sin embargo, a pesar de la situación en el colegio, pude tener más comunicación con más personas aquí que en las escuelas anteriores. Incluso pude hablar con más chicas que en las escuelas anteriores. A pesar de mi discapacidad y problemas con la comunicación verbal y social, pude sobrevivir sin terapias y programas de apoyo después del segundo grado. Traté de hablar con la gente de una forma más normal, pero ellos no tenían idea de que yo tenía autismo. Undécimo grado fue un año difícil, pero al mismo tiempo, fue una buena experiencia de aprendizaje. No solo pude ampliar mis habilidades de comunicación, sino que me hice uno poco más accesible a las personas. A pesar de las dificultades, obtuve excelentes calificaciones. Tuve buenas maestras como la de historia, español y religión. Sin embargo, tuve algunos maestros mediocres. Por ejemplo, tuve varios maestros de inglés y matemáticas, lo que degradó la calidad de la educación en una escuela privada y me afectó negativamente cuando ingresé a la universidad. Sin embargo, algo muy importante ocurrió en undécimo grado que me afecto y sigue afectándome hasta el día de hoy.

CAPÍTULO 13: UN AFECTO INESPERADO

Un evento ocurrió entre finales de 2007 y principios de 2008, que también afectó mi vida negativamente. Esto comenzó con un ataque de intimidación, pero resultó ser más que eso. Cuando fui intimidado, fui atacado por no gustarme una chica en ese momento. Estaba siendo presionado continuamente por estos abusadores para gustarme una chica. Como he mencionado anteriormente, esta es la misma línea de ataques que recibí en la escuela intermedia, en la cual fui intimidado y acusado de homosexualidad. Esta es una situación en la que he luchado significativamente y ha afectado mi vida de una manera muy negativa. No tenía lo que llamaba una amiga (la última vez que tuve una amistad con una niña fue en la escuela elemental). Estas chicas del grupo de los abusadores vinieron a mí para ser su novio como una broma y por eso me negué a seguir el juego. Todo lo que estaba haciendo era ser respetuoso, pero fui atacado por eso.

Realmente no sabía ni entendía el concepto de una novia en absoluto. Me acosaron en la escuela porque no dije qué chica me gustaba y por eso me llamaron "pato" (homosexual). Me preguntaban qué chicas me gustaban en público y a pesar del miedo de ser golpeado y acosado si decía que chica me gustaba y también por respeto a las chicas, no decía nada. Sin embargo, vino un momento en la cual me preguntaron si me gustaba a dos personas especificas: Estefanía y Valeria. Aquí tuve dificultades en contestar esa pregunta de una manera concreta. No solo eran excelentes estudiantes, sino también chicas muy hermosas. La diferencia aquí entre ellas y las otras chicas que bromeaban querer siendo "novia" fue que empecé a sentir algo por ellas. Primero empezó con Estefanía, pero ella ya tenía un novio. Sin embargo, Valeria nunca había tenido un novio. Todos los chicos de la escuela trataban de ser su novio. Al inicio no le presté demasiada atención, pero cada día creció más y más mi conexión con ella. No sabía el por qué estaba creciendo esta conexión. Ni siquiera había tenido una relación cercana o amistad con una chica en mucho tiempo. Entonces empecé a sentir algo por Valeria. Esto fue malo y bueno al mismo tiempo. A consecuencia de esta situación, comencé a ser más presionado por los demás estudiantes para que me gustara esta chica. Esto eventualmente me llevo a una serie de eventos vergonzosos como escribir un entupido diario compartiendo mis sentimientos hacia ella. Me sentí mal porque la estaba avergonzando. Este incidente me llevo a atravesar por unos nuevos episodios de depresión severa, pero por primera vez en mi vida, estaba lidiando con una lucha sin fin por una chica hermosa y agradable. Entonces tuve que contar sobre mi situación a ella y me dijo que me quería solamente como un amigo. Pero no mejoró mi situación. La invité a mi cumpleaños, pero no vino. Después, dedique un poema a ella; sin embargo, ella lo rechazó. Trate de resolver esta situación dolorosa, la cual me llevó a una profunda depresión clínica. Entonces, extrañamente, ella me borró de las redes sociales sin una explicación. Me preguntaba el porqué de esa acción, sí no le hice nada. Era una situación tan depresiva que ni siquiera me acerqué a ella durante el baile de graduación. Fue uno de los peores momentos de mi vida, y hasta el día de hoy me ha perseguido debido a que deje esta situación sin resolver. Seguí los consejos de las otras personas y ellos dijeron que me olvidara de ella, pero no sirvió de nada. Esta fue solo una situación triste que no puedo volver atrás para resolver. En 2008, mi depresión clínica empeoró. Estaba en un punto de ruptura porque estaba fracasando en mi diario vivir. Sin embargo, en agosto de ese mismo año, descubrí una cosa que tal vez podría ser la clave para resolver mis problemas. Pensé que había encontrado la clave para lograr y cumplir la vida de mis sueños. Descubrí el secreto: la ley de la atracción.

EN LA CEREMONIA DE HONORES EN UNDECIMO GRADO

JUGANDO AL BALONCESTO

CAPÍTULO 14: LA LEY DE ATRACCIÓN Y RELIGIÓN

Vi la película El Secreto en 2008. Salí de verlo con la creencia de que podía usar la ley de atracción para tener todo lo que quería en mi vida, y yo podría tenerlo si me ponía en mente que ya era mío. Sin embargo, esta obsesión falló cuando no pasé el examen de entrada universitaria para irme a estudiar a los Estados Unidos. Como resultado, entre de nuevo en la depresión. Me preguntaba por qué todo esto está sucediendo a mí. ¿Por qué yo? ¿Por qué atravesar por estas injusticias? Esas son las preguntas que de vez en cuando me pregunto y tengo dificultades en buscar respuestas. Lo único positivo de mi vida era mis calificaciones en la escuela.

Además, tuve dificultades en seleccionar una carrera universitaria. Estaba confundido entre diferentes opciones, la cual me llevo a la indecisión. Me preguntaba ¿cuándo todas estas frustraciones se iban acabar? ¿¿CUÁNDO?? Me sentí completamente solo en la vida. Lo que me ayudó un poco durante este tiempo siempre fue pensar en un mejor futuro. Además, jugar videojuegos y ver películas de Star Wars me ayudó también. Una cosa que hice para resolver mi situación fue volver a la iglesia católica en 2009. Esto se debió a que leí este libro llamado Una Vida Con Propósito de Rick Warren. Decidí que todos los problemas en mi vida estaban sucediendo debido a mí. Que lo que tenía que hacer era acercarme a Dios con el fin de ser salvo. Ese año, intente hacer el sacramento de la confirmación con la Iglesia Católica, pero nunca pasó. Después de esto, dejé la iglesia otra vez. Entonces empecé a ir a diferentes iglesias, pero no funcionó y siempre me preguntaba el por qué. Hice todo lo posible para adaptarme, hasta un punto en el que me hice muy religioso. Pero, al mismo tiempo, no se sentía bien. Sentí que estaba siendo deshonesto con Dios. Pensé que había encontrado la respuesta a mis problemas de ir a la iglesia, pero no fue el caso.

CAPÍTULO 15: LA UNIVERSIDAD

Me gradué de la escuela superior en 2009, y decidí quedarme en Puerto Rico para ir la universidad. Iba al campus de la Universidad de Puerto Rico cerca de mi casa. El área en la que me especialicé fue en agrimensura, ya que era algo que sentía que "me gustaba" y que me podía ayudar en encontrar un trabajo bien pagado. Mi tía Neida me ayudó a conseguir un agrimensor llamado Vicente Quiñones para ser mi mentor. El propósito de esto era ver cómo era el campo de la agrimensura y como me podía ver dentro de esta industria. Este agrimensor fue también un pastor, y me llevó a ir a una de sus iglesias durante un tiempo.

En agosto del 2009, oficialmente empecé mi carrera universitaria. Fui a la universidad porque me dijeron que este sería el único camino hacia tener una vida exitosa. Más tarde, resultó ser algo inexacta. Lo bueno de la universidad era que no había presión de los abusadores escolares. Sin embargo, perdí contacto con la gente que he hablado más de la escuela intermedia y superior, a pesar de que no eran verdaderos amigos. Una razón por la cual esas conexiones se terminaron fue se volvieron muy negativos. Necesitaba salir de esas "amistades" no saludables. Traté de hacer nuevos amigos y contactos en la universidad. A pesar de las turbulencias del pasado, mi enfoque era todavía crear una nueva vida. Tuve un cierto éxito en hacer conexiones en la universidad, pero no hacer nuevas amistades. Las únicas conexiones que recuerdo que hice durante mi primer semestre de la universidad fueron José D e Hiram. Esas fueron las conexiones más cercanas que pude tener en mis años de universidad en Puerto Rico. Irónicamente, los conocí cuando fui a un grupo cristiano en la universidad. Nos conocimos y tuvimos esas conexiones, ya que, durante este tiempo, yo estaba en mi estado súper religioso. Ambos eran excelentes estudiantes y nos llevábamos bien. Sin embargo, el problema que tuve fue que eran muy religiosos. Traté de adaptarme a ellos una y otra vez, pero no funcionó. A pesar de esto, me quedé en contacto con ellos en esos dos primeros años de universidad. Además de esto, yo estaba casi completamente solo durante mis años universitarios en Puerto Rico. Incluso, hubo una caída in mis calificaciones durante el primer semestre en la universidad. Termine el primer año con un promedio de 2.9. Las clases más difíciles que tuve fueron: química, ingeniería y precálculo. Dedique la mayoría de mi tiempo estudiando para estas clases y todavía no estaba obteniendo los resultados que quería. Esto condujo a más frustración en mi vida.

ENTRENANDO COMO UN AGRIMENSOR

EN DOWNTOWN DISNEY ORLANDO

CAPÍTULO 16: DESARROLLO PERSONAL

En el 2010, todavía estaba en la misma situación depresiva de mi vida. Yo quería salir de esta pesadilla. Yo estaba en el punto más bajo de mi vida y siempre me había preguntado si realmente era mi culpa o culpa de otras personas. Un aspecto positivo de los primeros meses de 2010 fue obtener mi licencia de conducir. Pero, por desgracia, yo no pude comprar un automóvil debido a la falta de ingresos y no tener el apoyo de nadie. No conseguí mi primer carro hasta el año 2012. Yo estaba tratando de sobrevivir lo más que pude durante ese año. No tenía amigos. Mis pensamientos suicidas aumentaron, y mi depresión empeoró. No había manera de escapar esta pesadilla y salvar mi vida. Salí de la religión a tiempo completo y dejé de ir a las diferentes iglesias. Estaba pensando que, si yo no iba a matarme a mí mismo, entonces tal vez debería pensar en otras alternativas, como unirme a las fuerzas armadas de Estados Unidos, ir a otros países, etc. Estaba pensando desesperadamente en todo tipo de escenarios para escapar de esta vida depresiva. Debido a la situación que estaba atravesando, mis estudios universitarios estaban viéndose afectados.

Sin nada que perder, decidí darle a la ley de la atracción una última oportunidad. Durante el verano de 2010, recuperé la fuerza para volver a esta área, sólo que esta vez fue más en profundidad. Oficialmente entré en el mundo del desarrollo personal. Empecé primero leyendo y escuchando a Napoleón Hill y sus obras (Por ejemplo, leyendo el libro "Piense y hágase rico"). Entonces, de repente, apareció una nueva luz de esperanza en mi vida. Por primera vez, había esperanza de que tal vez iba lograr una mejor vida. Sin embargo, estaba cauteloso en no repetir los mismos errores del Secreto/Ley de Atracción. Aquí pude aprender más en detalle acerca de la ley de atracción, pero ahora me estaba metiendo en el área de los negocios y el éxito. Empecé mi viaje de desarrollo personal durante mis vacaciones de verano en 2010. Desde Napoleón Hill a Jim Rohn, estudié diferentes filosofías en cómo lograr la libertad financiera y cumplir mis sueños. Me pasé horas leyendo, escuchando y viendo el material de Jim Rohn. La forma en que él hablaba y su mensaje hizo mucho sentido. En adición a ello, finalmente pude aprender de alguien que se hizo millonario siendo joven. Luego, a partir de él, pude aprender de Tony Robbins y sus enseñanzas. A partir de ahí, llegué a Robert Kiyosaki, autor del famoso libro Padre Rico Padre Pobre. Entonces, me puse aprender más sobre la educación financiera y la libertad financiara. Empecé a pensar que había algo más en la vida que simplemente un trabajo, ir a la escuela, y conformarse con la mediocridad de la sociedad. Empecé a pensar que tal vez podría alcanzar la libertad financiera y convertirme en un millonario o tal vez un multimillonario.

El desarrollo personal, la libertad financiera y mis metas me ayudaron a aliviar mi depresión y la circunstancias la cual yo estaba atravesando durante el peor periodo de mi vida. La diferencia era que, durante este tiempo, no iba a rendirme a como lo hice con El Secreto en 2008. Esta vez yo estaba comprometido en cumplir mis sueños. Como resultado, escribí mi primera lista completa de metas en 2010. Tenía grandes sueños, como, por ejemplo, convertirme en millonario y lograr la libertad financiera a los 26 años. El objetivo era realizar mi propósito en la vida y ayudar a otras personas que necesiten ayudar cumplir su propósito. Pensé que había encontrado la llave maestra para el éxito durante mi viaje de desarrollo personal entre el 2010 y 2011.

En este período, ocurrieron cambios significativos en todas las áreas de la vida. Empecé a pensar que estaba perdiendo el tiempo en la universidad y que tenía que irme con el fin de lograr mis sueños verdaderos. Que tenía que desconectarme de personas negativas y sólo estar con las personas exitosas. Que todo era mi culpa y que tenía que asumir la responsabilidad completa de mis acciones. Que tenía que pensar positivamente y echar fuera cualquier pensamiento negativo, similar a lo que oí en 2008 con El Secreto. Empecé a escuchar y ver un material de las personas más exitosas en el mundo. Leí libros como Piense Y Hágase Rico, Padre Rico Padre Pobre, Como Un Hombre Piensa, El Sistema De Llave Maestra, La Ciencia De Hacerse Rico, etc. Todo era de desarrollo personal y material de negocio.

Entre el 2010 al 2011, estaba trabajando para iniciar mi negocio con el fin de lograr la libertad financiera. Para comenzar, entre en contacto por primera vez con un negocio multinivel. Pensé que esto iba a ser una gran manera de empezar un negocio con bajos costos y bajos riesgos. Sin embargo, al mismo tiempo, una parte de mí me dijo que las promesas de ingresos grandes y tener la libertad era demasiado bueno para ser verdad. Fui a una conferencia de Amway en 2010, y me dejó emocionado. Sin embargo, le dije a mi padre de eso, y él me dio una mirada negativa. Entonces investigué Amway, y como resultado de esta investigación, no hice este negocio por el hecho de que era un esquema piramidal. Esta fue una de las cosas que intente para iniciar mi propio negocio con el fin de lograr la libertad financiera. Tenía ideas de negocios como bienes raíces, inversiones, etc. Sin embargo, no había muchos resultados de eso. El principal problema aquí es que no estaba tomando medidas significativas real hacia el logro de mis objetivos. Pensé que estaba tomando la acción, pero de nuevo estaba fallando. Mi vida no estaba cambiando de verdad. Yo estaba tratando de ser amable con todos, no dejar que otros controlaran mi vida, pero no estaba funcionando. No tenía amigos reales en ese punto. Yo estaba haciendo milagros para sobrevivir todas las situaciones difíciles que estaban ocurriendo en mi vida. Traté de mejorarlo, pero no importa qué, nada funcionaba. Pensé que ya era suficiente y a finales de 2011, decidí que necesitaba irme de mi ambiente inmediatamente.

CAPÍTULO 17: DEJANDO PUERTO RICO

Decidí trasladarme a la Florida y vivir con mamá porque no tenía otro lugar a donde ir. No me quedaba nada, por lo que finalmente tomé la decisión de salir de la universidad por un período indefinido. Tal vez incluso dejar la universidad por completo siempre y cuando esté trabajando hacia el cumplimiento de mi verdadera vida. Me pareció que debí haber ido de Puerto Rico inmediatamente después de graduarme de escuela superior. Cuando comencé la universidad, entré por primera vez en el área de agrimensura y luego me cambié al área de la psicología. Pensé que iba a terminar mi bachillerato en psicología, pero estaba fallando debido a la depresión clínica y los desafíos de estar en el espectro del autismo. Esto afectó severamente mis estudios universitarios. A pesar de esto, fui capaz de completar mis primeros dos años de universidad con un promedio general de 3.5 calificación A. Pude obtener los créditos que me ayudaría en transferir a otra universidad en los Estados Unidos. Esto fue en el caso que volviera a estudiar una carrera universitaria.

Lo que debería haber sido un período de despedidas con la familia y amigos era casi inexistente. Salí de Puerto Rico con cicatrices severas de una vida llena de luchas. No sé qué diferencia habría hecho si hubiera tomado otras medidas para mejorar mi vida en todas las áreas. ¿Qué hubiera pasado si mi condición del síndrome de Asperger o Autismo hubiera sido revelada ante las demás personas?, ¿serían ellos más comprensivos?, ¿O se hubieran comportado peor? Nunca lo sabré, pero sí sé que debería haberme ido desde antes y evitar los años perdidos entre 2009 al 2011. Esto continúa teniendo un efecto negativo en mi vida. Estoy agradecido de que mi madre estuvo de acuerdo en dejarme vivir con ella. No sabía qué iba a pasar conmigo, pero finalmente llego el día que había esperado.

El martes, 17 de enero del 2012, me despide de Puerto Rico para mudarme a la Florida. Fue un día lleno de emociones mixtas y remordimientos. Pero el pasado ya está hecho, y se me estaba dando una oportunidad de comenzar una nueva vida. Había un par de cosas que me iba a perder de Puerto Rico como la gran cultura, las montañas, la comida criolla y varios lugares divertidos como el Castillo Serrallés. En general, me fui lleno de arrepentimiento, herido y derrotado. Sin embargo, ahora era el momento de enterrar el pasado para siempre. Perdí completamente el contacto con las conexiones restantes de la vida escolar y universitaria en ese punto. He intentado todo para salvar a las restantes amistades que tenía de la escuela superior y la universidad, pero se convirtieron negativas, y me estaban criticando sin parar. Era el momento de poner fin a esas relaciones no saludables. En general, hice de todo para mejorar mi ambiente, pero no importa qué, fracasé. Pensé que las cosas iban a mejorar una vez que me mudé a la Florida y en diferentes aspectos, si mejoro. Sin embargo, hubo acontecimientos que sucedieron que dieron forma a mi vida como es hoy. Mi vida en Puerto Rico ya ha terminado, y ahora comenzó mi vida en la Florida.

MUDARME A LA FLORIDA

(2012-2015)

CAPÍTULO 18: REINICIO DE VIDA

Me mudé a la Florida en enero de 2012. Pensé que había dejado la universidad para siempre, pero también una parte de mí pensaba que había una posibilidad de que volvería. Mi objetivo era utilizar esta nueva oportunidad para reiniciar mi vida. Necesitaba dejar atrás el pasado negativo y seguir adelante. El objetivo era conseguir un empleo y comenzar a adquirir la experiencia necesaria para crear mi negocio y lograr mis metas. Sin embargo, muchas cosas cambiaron, y con ello, aparecieron nuevos retos. Me fui a vivir con mi madre por primera vez desde el 2000. Tanto había cambiado desde entonces. Ahora también estaría viviendo con mi hermano menor por primera vez. Ambos de ellos pasaron por mucho en los últimos años antes de mi llegada. Tenía la esperanza que, con mi llegada, yo ayudaría a mejorar la situación. Una buena noticia es que iba a tener más libertad para hacer diferentes cosas ya que estaba viviendo en un ambiente muy restrictivo en la casa de mi padre. El objetivo era utilizar el material aprendido de desarrollo personal y aplicarlo para cumplir la libertad financiera. Esta vez no habría ninguna excusa. Sin embargo, un evento se estaba desarrollándose que casi destruyo mi vida.

CAPÍTULO 19: OBSESIÓN NEGATIVA

Durante este tiempo, regresaron los hábitos de leer noticias negativas. Esto comenzó alrededor de 2003. No sabía exactamente por qué me obsesioné con las noticias, pero, esta obsesión resultó ser muy negativa en mi vida. Debido a esto, pensé que todas las circunstancias negativas estaban sucediendo no por mí, sino por otros. Que mi vida estaba siendo determinada por fuerzas fuera de mi control y que no había mucho que pudiera hacer para cambiarlo. Salí de esta obsesión negativa en el 2010 y fui a centrarme en el desarrollo personal, auto ayuda, y la libertad financiera entre el 2010 y 2011. Sin embargo, a finales de 2011, la obsesión negativa volvió, y me siguió mientras me mudaba a Florida. Por ejemplo, inmediatamente después de la masacre en la escuela elemental Sandy Hook (localizada en Newtown, Connecticut) en el 2012, varios medios de comunicación estaban diciendo que el tirador se le diagnosticó el síndrome de asperger. Esto creó una falsa conexión entre el autismo y la violencia. Cuando esto sucedió, yo estaba dejando la negatividad de esta situación controlarme. Tenía miedo de que algo podría pasar a mí, porque había esta falsa imagen de que las personas autistas son violentas en los medios de comunicación. Esta obsesión por las noticias negativas me llevo caer en el miedo de la vida de una manera no saludable. Siento que fue descarrilado de mi viaje de desarrollo personal por estos acontecimientos. No sé lo que hice para atraer esta basura. Debido a esto, siento que fui forzado a dejar mis sueños de una mejor vida para los próximos cuatro años. Me siento deprimido que estos años fueron desperdiciados en estos eventos de terror que nunca ocurrieron. Siento que una injusticia se hizo en mi contra a través de esta obsesión por el miedo, que me impidió en lograr mis verdaderos objetivos de vida.

CAPÍTULO 20: PRIMER TRABAJO

Un reto que estaba lidiando era de encontrar un empleo con el fin de proveer ingreso para ayudar a mi mama. Mis luchas con el autismo en términos de comunicación verbal y sociales no se recuperaron por completo. Yo sentía que estaba siendo una carga para mi mama y mi hermano menor en vez de una ayuda. No tuve otra opción más que reconocer que ya no podía culpar a otros de mis situaciones en la vida, independientemente de que tenía una discapacidad. Como resultado, empecé a tomar medidas en el inicio de tareas y tomar más responsabilidad en mi vida. En primer lugar, tenía que conseguir un trabajo no sólo para obtener un ingreso, pero lo más importante, para entrar en el mercado por primera vez. Esto aclararía mi mente en lo que respecta a la creación de un negocio y hacer inversiones. Traté de obtener ayuda de la rehabilitación vocacional en mi área para ver si podían ayudarme en encontrar un trabajo. Inicialmente recibí algo de ayuda, pero al final no me ayudaron en conseguir un empleo.

Después de experimentar dificultades en la búsqueda de un puesto de trabajo, finalmente recibí una llamada para una entrevista de trabajo. La llamada era de la tienda Home Depot cerca de la casa. Estaba preocupado de que yo iba a la entrevista sin el apoyo de rehabilitación vocacional. Quería asegurarme de que mis retos con el autismo y la depresión no me detendrían en obtener este empleo. En abril de 2012, fui a la primera entrevista de trabajo de mi vida. Estaba luchando con la ansiedad, y era un reto cuando se me estaba haciendo preguntas difíciles. Después, me puse más cómodo y me enfoque en cómo podría ayudar al empleador en lugar de lo que ellos podían hacer por mí. La entrevista fue con uno de los gerentes asistentes en la tienda. Entonces salí de la entrevista, pensando que no obtuve el empleo. Entonces recibí una llamada para una segunda entrevista con el gerente de la tienda. Fui a la segunda entrevista, aun lidiando con la ansiedad, pero con más confianza que la primera entrevista. La segunda entrevista fue sin problemas, y de nuevo se centró menos en mí mismo y más en cómo podría ayudar al empleador. Al final de la entrevista, el gerente de la tienda me ofreció el empleo.

Tarde, pero finalmente tenía un trabajo. Trabajé para Home Depot como cajero. Finalmente estaba generando ingreso en el mercado. Además, después de tratar de conseguir mi propio vehículo en Puerto Rico, pude aprender a conducir un carro con transmisión manual. A pesar de que daba miedo y era estresante al principio, al final fui capaz de aprender a conducir una transmisión manual en el Honda Civic de mi madre. Pude comprar este mismo vehículo en octubre de 2012.

Finalmente, estaba haciendo cosas más independientes en mi vida. Sin embargo, todavía estaba luchando con crear conexiones o amistades con otras personas en el trabajo. Al mismo tiempo, también estaba teniendo dificultades en el trabajo. Ya que esta posición era de servicio al cliente, significaba que era una posición que requería el 100% de interacción social con las personas. Como parte de mi condición, me esforcé en ser capaz de entender a la gente de manera eficaz y eficiente en un ambiente multitarea con mucha presión. Entre mis responsabilidades laborales, se encontraba: procesar las transacciones y pagos; realizar el cambio de dinero, mientras que, al mismo tiempo, ofrecía un servicio y comunicarme con los clientes y compañeros de trabajo de manera efectiva. Me estaba esforzando tremendamente al inicio, y pensé que no iba a ser capaz de sobrevivir en este trabajo. Sin embargo, en lugar de seguir culpando a mi discapacidad e irme a buscar otro empleo, me concentré en no dejar que el autismo determinara lo que podía y no podía lograr en mi vida. Entonces, tome toda iniciativa para mejorar mis habilidades y dar lo máximo en este trabajo. Tomé el enfoque de hacer más que lo que me estaban pagando y más allá de las expectativas de todos. A pesar de la lucha con la comunicación social, la memoria de trabajo a corto plazo, la ansiedad y la creación de relaciones sociales, pude sobrevivir en el trabajo y fui capaz de mantener mi empleo. Aun así, no era feliz en mi trabajo, debido a las siguientes razones: algunos compañeros de trabajo no tratándome bien, lidiar con clientes groseros y lidiar con una mano de obra fuerte en esta posición. Sentí que este trabajo no me estaba ayudando en conseguir las habilidades necesarias para crear mi negocio en ese momento. Incluso, me lastime en el trabajo levantado bolsas pesadas de cemento. Esto ocurrió cuando se estaba tratando ayudar a un cliente solo, debido a que la tienda estaba corto de personal. Debido a mis dificultades con el servicio al cliente, quería ver si tal vez un trabajo que requiere menos comunicación social sería una mejor situación para mí. Además del trabajo, crear habilidades independientes y otras cosas; un área que continué fallando fue en la creación de nuevas relaciones o amistades. Esta vez, estaba teniendo más dificultades ya que estaba fuera del ambiente escolar y universitario.

Un punto culminante y positivo del 2012 fue cuando pude ir a mi primera convención de Star Wars! *Star Wars Celebration 2012* se llevó a cabo en el Centro de Convenciones del Condado de Orange en Orlando, Florida. Era un sueño para mí estar rodeado de fanáticos de Star Wars de alrededor del mundo. Fue divertido ir a todos los puestos de vendedores y ver los diferentes juguetes y otros artículos. Ver a la gente con diferentes trajes fue muy divertido y tomarme fotos con algunos también. Luego fui al primer panel de la serie animada llamada La Guerra de Los Clones. Estuvo muy excitante. Pero el más grande y en ese momento el mejor momento de mi vida sucedió en este mismo panel. La persona detrás de este fenómeno se presentó en vivo en frente de mis ojos llorosos. Finalmente vi al creador de Star Wars en persona: ¡¡George Lucas!! ¡Estaba súper emocionado y estaba llorando como un niño pequeño, lleno de gozo! Esto fue un día que nunca me voy a olvidar.

En general, yo estaba deprimido que yo no estaba haciendo progreso suficiente en mi vida. Ahora estaba haciendo lo que debería haber hecho hace años atrás en Puerto Rico. Estaba bien atrasado con mis metas de cumplir una mejor vida. Ahora, yo me estaba culpando a mí mismo por las situaciones que estaba atravesando. Mi estima baja continuó afectándome, entrando al 2013, un año en que mi vida casi llegaba a su fin.

CAPÍTULO 21: EL CASI FINAL

A partir de 2013, estaba lidiando con retos en todas las áreas de la vida y sin una solución. Fui burlado y criticado por varios parientes de sangre y ex "amigos" por haberme ido de la universidad y por trabajar al salario mínimo. No he podido crear nuevas amistades y mis luchas de comunicación social continuaron. Mi depresión clínica estaba en el nivel más alto. No importaba lo que hacía para cambiar las cosas, toda iba empeorando. Me sentí completamente como un estorbo en esta vida. He tratado de hacer otras cosas para escapar de mi situación. Por ejemplo, después de luchar con la comunicación social y la multitarea en Home Depot, conseguí un trabajo a tiempo completo en un hotel como un ayudante de ama de llaves. Pensé que, ya que este trabajo requiere menos comunicación social, iba a prosperar en este ambiente. Sin embargo, termine equivocándome. El ambiente en este empleo no era bueno. La persona que me entrenó para la posición quería deshacerse de mí porque quería poner a su amigo en la misma posición. Mis luchas con el espectro autista me hicieron incapaz de responder a estos casos contra mí de manera más efectiva. En adición, este trabajo requería mucha mano de obra, salario mínimo y trabajar todos los días. Esto contribuyó al empeoramiento de la condición de mi depresión. Como consecuencia, volví a encontrar la manera de poner fin a mi vida durante el verano de 2013, al igual que cuando intenté suicidarme en Puerto Rico estando en una situación peor. Yo estaba en el punto más bajo de mi vida. Yo era una carga, y sentí que tenía que ser eliminado para que un mejor mundo naciera. No sé cómo estoy todavía vivo después de pasar por una depresión clínica por más de 10 años. Había algo que me estaba impidiendo en seguir adelante con estos planes suicidas. No sé lo que era, pero algo quería que me quedara con vida, mientras que otro me quería muerto. Pensé que nadie quería acercarme a mi y que yo era una fuerza negativa en el mundo. El empleo en el hotel fue empeorando las cosas con mi condición. Necesitaba encontrar algo para escapar de esta situación o para resolver el problema. Entonces, debido a una desesperación, decidí que iba a volver a la universidad.

CAPÍTULO 22: REGRESO A LA UNIVERSIDAD

No esperaba volver a la universidad tan pronto. Tomé los créditos que traje de la Universidad de Puerto Rico y solicité para estudiar en Seminole State College of Florida (localizado en Sanford, Florida). Tenían un grado de asociado en empresarismo, Este programa me iba ayudar en probablemente empezar mi propio negocio. Sin embargo, tuve problemas con el proceso de solicitud de admisión y apenas pasé el examen para no volver tomar la clase de inglés en la universidad. A pesar de este reto, pude pasar la prueba y fui aceptado en esta universidad en agosto de 2013. Ahora el objetivo principal era estar en la universidad y completar mi grado asociado en empresarismo. Al principio, me sentí como un perdedor volver a la universidad. Sin embargo, vi esto como una nueva oportunidad de conseguir las herramientas y conocimientos necesarios para iniciar mi propio negocio. Pensé que esta sería mi última oportunidad para crear nuevas amistades y conexiones.

Me fue bien durante mi primer semestre en la universidad, consiguiendo excelentes calificaciones. Ahora estaba tomando clases que me iban ayudar con empezar y correr un negocio, las cuales eran: introducción a los negocios, oratoria profesional, Microsoft Office y las comunicaciones de negocios. En adición, me gusto esta universidad y su estructura. Por alguna extraña razón, se sentía bien estar de vuelta en la universidad por primera vez en mi vida. Hubo un problema menor que casi hizo que dejara la universidad de nuevo, y era de no tener suficiente ayuda económica para el próximo semestre y más allá. Esto sucedió porque curse los primeros dos años de la universidad en Puerto Rico y tenía una gran cantidad de créditos cuando llegué a Seminole State. Sin embargo, mi consejera estudiantil Maritza me ayudó en resolver este problema, y se elaboró un plan que me puso en camino hacia la obtención de mi primer grado de asociado en negocios en mayo de 2014 y luego ir directamente al bachillerato en administración de empresas y tecnología.

Terminé el 2013 estando de vuelta en la universidad. Al mismo tiempo, había sobrevivido uno de los años más difíciles de mi vida. Este es uno de los peores años junto con años del 2003 al 2011. No tenía trabajo, estaba en la ruina y deprimido sin vida social, y todavía estaba tratando de averiguar lo que vine a hacer aquí en este mundo. Eso es lo que yo estaba luchando todos los días. Sin embargo, ahora comienza el año 2014. En mi segundo semestre en esta universidad, tomé 5 clases, más que en el primer semestre. Fue debido a los requisitos de graduarse con mi grado de asociado, la cual se iba utilizar para entrar en el programa de bachillerato en, que se utiliza para entrar en la licenciatura en administración de empresas y tecnología. Tomé clases más difíciles, como la macroeconomía, estadísticas y contabilidad financiera. Yo tenía más reto con las estadísticas, luchando con diferentes fórmulas. Esto me llevó de vuelta a precálculo durante mi primera vez en la universidad. Incluso tuve una calificación de F en el primer examen. Estaba estresado y con ansiedad, tratando de averiguar cómo iba a ser capaz de sobrevivir este curso. Con el tiempo, pude aprender a utilizar los programas de estadísticas y la calculadora grafica. Esto me ayudo a pasar la clase con una calificación de A. El otro curso difícil fue macroeconomía, pero era más por los exámenes. Pero la clase más importante y también difícil fue el curso de contabilidad financiera. En este curso aprendí de cerca sobre los estados financieros y otros materiales como los balances, las cuentas por pagar y los presupuestos. La contabilidad financiera se sentía como un curso que realmente iba a necesitar para los negocios y así fue. La profesora era Terri Walsh, y ella me ayudó mucho durante esta clase. Pude aprender mucho de la contabilidad, y doy crédito a ella por eso hasta el día de hoy.

No sólo la contabilidad, pero también me enseñó una habilidad muy importante. Esta habilidad ha sido clave no solamente en mi carrera, sino, en mi vida como tal. Esa habilidad es la de conectarse con otras personas (o "networking" en inglés). Este ha sido el reto más critico de mi vida , la cual ha sido uno de los causantes de los retos que he tenido en mi vida. Gracias a la ayuda de la profesora Walsh, empecé a ir a eventos de conectarse con otros profesionales a través del club de contabilidad. El primer evento de "networking" que participe fue de una cena de negocios. Yo estaba sentado en una mesa con otros estudiantes y dos líderes de negocios. Hablé con estos líderes en cuanto a opciones de carrera y cómo tener éxito en el mercado. Ir a estos eventos me ha ayudado mucho. De hecho, a causa de estos eventos de conexión, ordené mis propias tarjetas de negocio. Esto fue debido a que fui a estos eventos con mis resumes, pero supe que era más apropiado llevar tarjetas de negocio y ser capaz de hacer conexiones con otras personas de negocios.

Esto también me ayudó a mejorar mis habilidades sociales y de comunicación, a pesar de los grandes desafíos con mi autismo. No tuve éxito en todos los eventos, pero esto me ha ayudado significativamente en la mejora de mis comunicaciones con otras personas, no sólo en los negocios sino también en mi vida.

En 2014, las cosas comenzaron a mejorar un poco en mi vida por primera vez. Pude obtener un trabajo a tiempo parcial como asistente administrativo en la universidad. Fui capaz de hacer mejoras en vida durante la primera mitad de 2014. La obsesión por las noticias negativas que tenía el control de mi vida durante los últimos años fue disminuyendo. También, fui a mi primer juego de baloncesto colegial en marzo de 2014. Fue un gran partido de baloncesto, y tuve buen tiempo con mi hermano menor Paul. Entonces vino un momento muy importante en mi vida.

Después de terminar el semestre de primavera con todas las calificaciones "A", me gradué con el grado de asociado en la área de negocios el 4 de mayo de 2014. A pesar de que era un grado de asociado, era un logro importante de mi vida. Finalmente, pude lograr algo importante. A todas las personas que estaban diciendo que nunca iba a volver a la universidad, les demostré que estaban equivocados. Comenzó a crecer en mí esta visión de que yo realmente tenía la capacidad y la voluntad de lograr grandes cosas en la vida. Este fue uno de los fines de semana más importantes de mi vida. El viernes, 2 de mayo de 2014, fui a una cena de negocios, donde tuve la oportunidad de aprender conectarme con otras personas de negocio. El domingo, 4 de mayo de 2014, fue la ceremonia de graduación de Seminole State College, en la que obtuve mi título de asociado. Sin embargo, el sábado, 3 de mayo de 2014, trabaje de voluntario en la caminata de autismo y día familiar, organizado por la Sociedad de Autismo de Gran Orlando. Este fue el comienzo de una etapa muy importante de mi vida.

CON MI MAMA EN LA GRADUACIÓN DE GRADO ASOCIADO

CAPÍTULO 23: DEFENSOR DE LOS AUTISTAS

Sábado, 3 de mayo de 2014, fue el día en que oficialmente empecé mi trabajo en la comunidad autista. Por mucho tiempo, he estado pensado hacer algo o ser voluntario en un evento relacionado con el autismo. Siempre hablado de ello, pero no lo hacía. Después de haber estado en la Florida por dos años, tome la iniciativa de ser voluntario en un evento del autismo. Trabaje como voluntario en una caminata del autismo. Durante ese día, trabaje en la entrada dándoles la bienvenida a los participantes. Antes de esto, he hecho trabajo voluntario en Puerto Rico. Trabaje con la organización Para La Naturaleza de Puerto Rico en su feria anual del 2009 al 2011. Esta oportunidad fue dada a mí por mi tía Neida. Durante estos eventos, trabaje en la registraduría, ayudando a los participantes a registrarse para participar de la feria. Pude saludar a la gente y también ayudar con otras tareas. Además de la experiencia de los voluntarios/aprendizaje que tuve con el agrimensor Vicente Quiñones, esto fue mi única experiencia de trabajo en Puerto Rico. Al estar en la caminata del autismo y ver a familias con sus seres queridos con autismo, me sentí como si estuviera en casa. Realmente no se sintió como trabajo. Ser capaz de recibir a entre 2.000 y 3.000 participantes en la entrada de la caminata era algo que nunca olvidaré. Durante este evento, conocí a Donna Lorman, presidenta de la Sociedad de Autismo de Gran Orlando. Lo que más me impresionó fue que las personas que se encontraban en posiciones de liderazgo en esta organización tenían un familiar con autismo. Este fue el día que forme una conexión con esta organización, la cual me llevaría a jugar diferentes papeles dentro de la organización in los próximos años.

EN LA PREMIACIÓN DE LA SOCIEDAD DE AUTISMO DE GRAN ORLANDO (2017)

CAPÍTULO 24: DIFICULTADES CON EL EMPLEO

Una cosa que pasó unos meses más tarde fue que entre de nuevo al mercado laboral. Antes del inicio de mi semestre de otoño en la universidad, conseguí un trabajo a tiempo parcial con Sam's Club. Quería ver si podía trabajar a tiempo parcial, mientras que también iba a la universidad al mismo tiempo. Volví al área del servicio al cliente porque no pude encontrar otras opciones. Tenía la esperanza de obtener una posición administrativa o en el banco. Pero al menos yo estaba recibiendo un ingreso de nuevo. Por esta razón, quería darle una segunda oportunidad a este campo de trabajo después de mi tiempo con Home Depot. Empecé en Sam's Club como cajero y el ambiente laboral era familiar, pero al mismo tiempo diferente. Seguí luchando con mis dificultades con la comunicación social y trabajando en un ambiente multitarea intensivo. Fui capaz de hacer bien mis funciones de cajero y fui más allá de las expectativas en ofrecer un excelente servicio a los clientes, a pesar de mi discapacidad. Sin embargo, la diferencia entre este empleo y Home Depot fue que la posición era más enfocada en ventas que en el servicio al cliente. En esta posición, tuve cuotas de ventas diarias, y en ello consistía en vender los siguiente: membresías plus, tarjetas de crédito, y renovaciones de membresías. Tuve que vender estos programas, mientras que, al mismo tiempo, hacia funciones de cajero y ofrecía un excelente servicio al cliente. Fue una lucha realizar múltiples tareas al mismo tiempo. En adición, estaba lidiando con problemas de memoria a corto plazo y teniendo dificultades con la explicación de los productos a los clientes de una manera eficaz y eficiente. Fui entrenado varias veces en términos de mejorar mis habilidades de venta.

Esto estaba poniendo mucha presión sobre mí. Yo no quería que mi discapacidad determinara lo que puedo y no puedo hacer. Sin embargo, al mismo tiempo, no quería estar en un ambiente en el que había una gran cantidad de presión sobre las ventas y la multitarea. Estaba frustrado conmigo mismo en lo que respecta a no ser capaz de obtener otro tipo de empleo y que tenía que aceptar estos trabajos para no estar sin ingreso. Yo no quería rendirme tan fácilmente y dejar el autismo controlar mi vida. Mi enfoque era mejorar y hacer lo mejor que podía, empezando con mis habilidades de venta. Después de mucho entrenamiento, con el tiempo, llegué a estar más cómodo con mi argumento de venta para los productos, y hablando con los miembros, mientras que al mismo tiempo proporcionaba un servicio excelente. A pesar de este esfuerzo, todavía estaba recibiendo una gran cantidad de rechazo y no cumpliendo mis cuotas. En este momento supe que en lugar de limitarse y a aceptar el no, seguí en adelante en crear y crecer mis conexiones con los clientes. Estaba enfocado en enseñar a los clientes como estos productos pueden ayudarlos a tener una mejor calidad de vida, no en la venta. Con el tiempo, pude mejorar mis habilidades de crear conexiones con otras personas y pude cumplir con mis cuotas. Incluso, fui el asociado que abrió la mayor cantidad de nuevas membresías plus en la tienda durante la época navideña. Debido a esto, fui promovido a la posición de representante de servicios al miembro,

Fue un reto cada día lidiar con un ambiente de servicio al cliente, ventas y multitarea. Aun así, quería asegurarme de que cada día hiciera mi mejor esfuerzo y superara las expectativas. La mayoría de mis compañeros de trabajo eran muy buenos conmigo. Había una o dos excepciones, una de ellas mi supervisora. Ella me presionó demasiado y no fue un gran apoyo cuando necesitaba ayuda. Como una persona con autismo, yo era incapaz de hacer frente a esta situación de manera efectiva y eficiente. Estaba demasiado cansado de este tipo de ambiente.

Al mismo tiempo que yo estaba trabajando, estaba empezando mí segundo año en Seminole State College of Florida, esta vez en el programa de bachillerato de administración de empresas e información. Tomé 12 créditos y estuve inscrito en los siguientes cursos: contabilidad gerencial, microeconomía, Microsoft Excel y escritura para los negocios. Mi curso favorito fue contabilidad gerencial. El mayor reto fue microeconomía. Aprendí a utilizar el programa de Microsoft Excel de una manera más eficaz y eficiente. y fue capaz de mejorar mis habilidades de comunicación a través del curso de escritura para los negocios. Para este semestre, pude obtener excelentes calificaciones. En otras palabras, pude manejar ir a la escuela y trabajar durante este periodo. A pesar de estos éxitos, todavía estaba luchando con la depresión clínica. Durante este año, me metí más en los video juegos debido a la depresión.

Por desgracia, esto arruinó mi vida un poco, porque no aprendí otros pasatiempos o crear los hábitos necesarios que me ayudarían en lograr una mejor vida. Sin embargo, en el 2014, por primera vez en mucho tiempo, pude hacer mejoras en mi vida. Durante este año, tuve la oportunidad de aprender las habilidades que me ayudarían en el camino en lo que respecta al cumplimiento de mis metas en la vida.

En 2015, vi unas grandes cantidades de eventos importantes tanto buenas como malas. Para el término de primavera de 2015 en la universidad, tomé más cursos dentro del programa de bachillerato. Finalmente, tomé el curso de empresarismo, en el cual escribí mi primer plan de negocios. También tomé el curso de estrategias de recursos humanos, que me ayudaron a entrar en una de las áreas más importantes de negocios. Entonces tomé el curso de la historia de negocios con el Prof. Tom Walker, quien jugaría un papel clave en mi vida. Por último, pero no menos importante, tome el curso de sistemas de información. Este semestre fue único en mi vida en general. Pude aprender más acerca de las habilidades necesarias para iniciar y manejar un negocio. También pude obtener excelentes calificaciones durante este semestre. En términos de empleo, todavía estaba trabajando con Sam's Club a principios de 2015. Ya que estaba cansado del servicio al cliente y todavía estaba teniendo dificultades, quería ver si podía conseguir empleo en la banca. Una vez más luchando con mantener un trabajo, leí un artículo de la Dra. Temple Grandin sobre qué puestos de trabajo son buenos y no son buenos para las personas con autismo. Los puestos de trabajo que había hecho, con la excepción de la educación y la hospitalidad, fueron puestos de trabajo no recomendados para personas con autismo. No importa lo que hacía, todavía tenía problemas en estos puestos de trabajo. He tenido retos para encontrar la mejor situación y ser exitoso. Voy a hablar de lo ocurrido con la búsqueda de empleo más adelante.

CAPÍTULO 25: LA MEJOR SEMANA DE MI VIDA!

Un acontecimiento importante ocurrió en abril de 2015. Por primera vez en mi vida, fui a viajar solo a California por una semana. La razón principal de este viaje era simple: ¡¡Celebración de Star Wars 2015!! Esta sería mi segunda convención de Star Wars, pero sería la primera en la que iba ir todos los cuatro días del evento. Además, era la primera convención de Star Wars desde que Disney compró Lucasfilm en 2012. Yo estaba súper emocionado porque iban a hablar acerca de la nueva película de Star Wars, que fue programada para ser lanzada en diciembre de 2015. No sólo iba a la Celebración de Star Wars, sino también, iba ir a diferentes lugares en el sur de California. El viaje ocurrió entre el 13 y el 20 de abril de 2015. Viajé el lunes 13 de abril de 2015 y llegué a Santa Ana, California. Al día siguiente, fui a Disneyland por primera vez. Pude ir a diferentes atracciones, especialmente Star Tours. Luego fui al parque de Disney California Adventure. A pesar de que era un parque más pequeño que Disneyland, fue muy divertido con grandes atracciones. Después en el mismo día, fui a algunas de las mejores playas del Condado de Orange: Huntington Beach y Newport Beach. En estas playas, pude ver algunos de los mejores paisajes de mi vida. Pero mi día no había terminado. Más tarde en la noche, volví a Disneyland y Disney California Adventure. Durante la noche, pude ir a algunas de las atracciones que no pude subirme temprano durante el día. Sin embargo, estaba tan cansado que al final del día me fui de los parques, mientras estaba ocurriendo el espectáculo de fuegos artificiales. Literalmente, estaba saliendo de la zona de parking mientras que los fuegos artificiales estaban sucediendo. Fue un día muy largo, pero muy divertido.

En el tercer día, conduje temprano a Los Ángeles. Lo primero que hice fue ir a la Torre de Observatorio Griffith. Aquí, pude obtener una vista espectacular de Hollywood y Los Ángeles. Luego fui a Hollywood. En primer lugar, conduje por Hollywood Boulevard y procedí a caminar por el paseo de la fama. Mientras caminaba, yo pude ver el Teatro Chino de Grauman en Hollywood. Después de esto, hice un recorrido en autobús por Beverly Hills. Durante el recorrido, yo pude ver las grandes casas y mansiones de celebridades famosas (Michael Jackson, Harrison Ford, etc.). Fue como un sueño para mí ir a estos lugares en vivo y en persona. Después de Beverly

UNA VIDA AUTISTA SIN LIBRETO

Hills, fui a la playa de Santa Mónica. Aquí pude ver otra vista espectacular, y la vista era increíble en el muelle de la playa. Después de disfrutar de mi tiempo en el muelle de Santa Mónica, me fui a un evento que también había estado esperando: ¡ir a un partido de los Lakers en Staples Center! No podía creer que estaba en el mismo coliseo que muchas leyendas del juego habían jugado y, obviamente, mi jugador favorito de todos los tiempos, Kobe Bryant. Yo estaba esperando a verlo jugar, pero él estaba lesionado. No fui capaz de verlo en persona. A pesar de esto, fue increíble experimentar el gran ambiente en el coliseo. Aunque mis Lakers perdieron, todavía fue increíble estar allí. Este tercer día fue largo, lleno de eventos y actividades (LA, Hollywood, Beverly Hills, Santa Mónica, Lakers, etc.). Sin embargo, esto fue sólo el comienzo.

Al mismo tiempo que yo estaba en el juego de los Lakers, la línea de personas esperando para el inicio del primer día de Celebración de Star Wars 2015 estaba creciendo. Salí de Staples Center y fui al hotel para bañarme rápido. Luego, me cambié de ropa rápido y me puse el uniforme de un oficial imperial. Entonces, fui inmediatamente al Centro de Convenciones de Anaheim y esperé en la fila para el primer panel de la convención de Star Wars. Dormí en el piso esperando por horas, pero al mismo tiempo, ¡estaba muy entusiasmado para la Celebración de Star Wars! Fue divertido conocer a otros fanáticos de Star Wars de alrededor del mundo en el mismo lugar. Después de haberme quedado en el centro de convenciones durante toda la noche, empezó el cuarto día de mi viaje.

Fui al primer panel para la nueva película de *Star Wars: The Force Awakens*. No podía creer que estaba siendo testigo de un momento histórico en la franquicia de Star Wars. Vi a JJ Abrams (director) y Kathleen Kennedy (presidente de Lucasfilm). Y, por último, ¡vi a algunos de los nuevos actores de la película y también los actores de la trilogía original de Star Wars! Fue increíble estar en el mismo lugar y al mismo tiempo que mis ídolos de la infancia. En adición, estuvo impresionante ver las imágenes y escenas de la nueva película de Star Wars. Sin embargo, el gran punto culminante llegó cuando lanzaron el segundo avance de la película. Fue increíble estar con mis queridos fanáticos de Star Wars viendo el avance. Entonces, todo el estadio se puso muy emocional cuando se vio a Han Solo y Chewbacca en la gran pantalla por primera vez en décadas. La gente (incluyéndome a mí mismo) estaban llorando de alegría viviendo este momento histórico. Después del panel, mi aventura en la Celebración de Star Wars Anaheim comenzó.

Había tanto que hacer en el piso de exhibición que iba a ser imposible hacerlo todo. Yo estaba tan abrumado que no fui capaz de hacer todo lo que quería hacer. Una cosa que no pude hacer y era la razón por la que vine aquí era construir nuevas amistades con la comunidad de Star Wars. Pude hablar con otros fanáticos de Star Wars durante la convención. Sin embargo, mis luchas con la ansiedad y la discapacidad no me permitieron construir nuevas amistades. Esta es mi frustración y no importa lo que haga; sigo luchando en la construcción de nuevas amistades, incluso con otros fanáticos de Star Wars. A pesar de esto, pude disfrutar de este gran momento y estando en mi propio mundo. Durante los próximos días, hice muchas cosas. Pude obtener autógrafos y fotos con los actores y actrices del universo de Star Wars: Mark Hamill, Carrie Fisher, Ian McDiarmid, Billy Dee Williams, Kenny Baker y muchos más. También, fui a paneles, conseguí nuevos juguetes, y fui a la exposición de Rancho Obi-Wan. Aquí, vi todo tipo de disfraces. Además, vi las películas de Star Wars en la gran pantalla. Hice tantas cosas durante los cuatro días en la convención, que podía seguir hablando de ello durante mucho tiempo. ¡Fue una experiencia mágica estar en la Celebración de Star Wars 2015 los cuatro días! Para finalizar la mejor semana de mi vida, yo pude explorar los murales misteriosos y extraños en el Aeropuerto Internacional de Denver, Colorado durante el último día del viaje. Fue raro ver estos murales en persona. Con esto, llegué a la conclusión de mi viaje a California/Colorado en la primavera de 2015. Estaba preocupado antes del viaje en términos de cómo iba a hacer frente a las preocupaciones de viajar solo y estar solo en diferentes lugares, especialmente lidiando con los desafíos del autismo. A pesar de esos desafíos, yo pude manejar esas situaciones muy bien. Este viaje me hizo comprender que tal vez podría lograr grandes cosas en mi vida. No me di cuenta en el momento, pero este evento me llevó de regreso al mundo del desarrollo personal en 2016. Me di cuenta de que podía lograr grandes cosas en mi vida. Hasta el día de hoy, la semana del 13 al 20 de abril de 2015, sigue siendo la mejor semana de mi vida.

¡EN HOLLYWOOD!

¡CON R2D2!

¡DIRIGIENDO A LOS STORMTROOPERS A LOCALIZAR A LOS REBELDES!

¡CON EL MAESTRO JEDI LUKE SKYWALKER, MARK HAMILL!

¡CON LA PRINCESA LEIA, LA MARAVILLOSA FENECIDA CARRIE FISHER!

CAPÍTULO 26: DESAFIOS Y DISCRIMINACIÓN

Regresé de mi viaje de sueño a volver a la misma rutina diaria. Volver a las luchas que estaba teniendo en todas las áreas de mi vida. Estaba teniendo dificultades en mi trabajo, tanto que estaba buscando otro trabajo en desesperación. Esta ha sido la historia de mi historia laboral. Fue entonces que debía buscar un trabajo que no implicaría demasiados problemas con mi discapacidad. Así que leí el artículo de la Dra. Temple Grandin, donde habló acerca de los trabajos que son buenos y no son buenos para las personas autistas. La posición de banquero estaba en la lista de puestos de trabajo buenos para las personas en el espectro. Mi posición actual de cajero estaba en la lista de puestos de trabajo no recomendables para las personas autistas. Basado en esta información, decidí buscar trabajo en la industria de la banca y salir del ambiente de tienda. Tres meses después de regresar de California, en julio de 2015, me ofrecieron un puesto de banquero en un banco local. Hice una transición del ambiente de tienda al ambiente de banco.

Uno de los principales inconvenientes de la posición de banquero fue que se trataba de un puesto a tiempo completo y, al mismo tiempo, iba a la universidad a tiempo completo. No sé cómo iba a lidiar con esta situación, pero iba a hacer todo posible para manejarlo de una manera efectiva. Pensé que por fin estaba en un ambiente en el que podría quizá finalmente triunfar y tener éxito. Pensé que tal vez iba a llegar mucho más cerca hacia el logro de mi objetivo. Sin embargo, al entrar en la segunda mitad de 2015, este trabajo sería el inicio de una situación que hoy en día sigue afectándome de manera negativa.

Cuando fui contratado en este banco, tenía ganas de salir del ambiente de tienda, y pensé que me había encontrado con el trabajo en el que podía ejercer y construir mi carrera. El entrenamiento fue bueno, pero cuando llegue al banco, las cosas se pusieron peor. Luché primero con mi memoria a corto plazo de trabajo en las transacciones y aprendiendo a utilizar los sistemas de forma eficaz y eficiente. Estaba tratando con más dinero aquí. Esto no era lo que esperaba de un trabajo que se suponía que fuera bueno para las personas con autismo. Yo estaba centrado en brindar un excelente servicio y hacer lo mejor de mí. Fui capaz de recibir buenos comentarios de los clientes. Sin embargo, la gerencia del banco no me brindo mucho apoyo desde el principio. De hecho, eran demasiado críticos. Me criticaron por todo lo que hice. Está bien ser criticado cuando el desempeño del trabajo no está funcionando y trabajar en un plan para resolver el problema. No tengo problema con eso. Sin embargo, cuando mi ética de trabajo está siendo cuestionada y dicen cosas que no son verdad, entonces esto es un ejemplo de un ambiente de trabajo tóxico. He intentado seguir todo lo que decían. Fue inaceptable ser fuertemente criticado, ya que solo había estado en la compañía durante un par de semanas y todavía estaba en entrenamiento. Sentí que fui atacado y que necesitaba explicar el por qué estaba teniendo problemas. Entonces, la gerencia me pregunto si tenía algo malo que estaba afectando a mi trabajo. Una vez me preguntaron si tenía algo malo, entonces yo no tenía más remedio que informarles acerca de mi discapacidad. Esta fue una señal de alerta, y significó que este trabajo estaba llegando a un fin. En otras palabras, que tenía que salir de esta situación lo antes posible y encontrar otro trabajo. Pero en lugar, continué dándole a este trabajo una oportunidad tras otra. No quería rendirme ante esta situación. Entonces, la gerencia me pidió información sobre la discapacidad, y les provee la información solicitada. Esto se hizo para hacer "acomodaciones" para mi en el trabajo. Yo no esperaba ninguna acomodación (la cual eventualmente no hicieron). En su lugar, lo que hicieron fue darme un plan de una semana. Seguí el plan cuidadosamente y hacía lo que me pidieran a fin de hacer un mejor trabajo. Proporcionando un gran servicio, procesar las transacciones de manera eficaz y eficiente, haciendo lo que me dijeron.

Pensé que cumplí con ese plan y que todo iba a estar bien. Sin embargo, una semana después fui despedido del trabajo de una forma inesperada. Por algunos pequeños errores y otras cosas que dijeron que pasó y no eran verdad, me despidieron. Esto sucedió inmediatamente después que les informé sobre mi discapacidad con el propósito principal de hacer acomodaciones razonables en el trabajo. La cooperativa que estaba trabajando tenia falta de personal. Ellos estaban "preocupados" por mi capacidad de hacer el trabajo y que no confiaban en mí en lo absoluto. Yo estaba en una situación sin salida. Esto me llevo más a una depresión clínica y baja autoestima. ¿Como podía ser que no importaba cual duro trabajaba y me esforzaba en mi puesto que todavía estaba siendo tratado sin respeto y despedido como si fuera nadie? Esta fue la primera vez que me vi obligado a informar a un empleador acerca de mi autismo en un trabajo. En mis trabajos anteriores, esto no era necesario, y nunca me pidieron nada acerca de mi discapacidad. Esta fue una decisión estúpida, y fue totalmente fuera de lugar. Yo estaba traumatizado y estresado por qué me despidieron. Yo llegaba a tiempo, haciendo lo mejor que podía en el trabajo. Sin embargo, no importa qué, yo estaba siempre en un ambiente tóxico. Desde el incidente y este trabajo en un banco, mi situación laboral se estaba empeorando. Traté de presentar una demanda por discriminación basada en la ADA (Ley sobre Estadounidenses con Discapacidades). Pero, como fui despedido dentro del periodo probatorio de 90 días, fui incapaz de hacerlo.

Ahora estaba desempleado y ya que recientemente dejé Sam's Club, no tenía un ingreso. Una cosa buena de esta desgracia fue que, si me hubiera quedado en este trabajo, mis calificaciones en la universidad hubieran sido afectado. Ya que no estaba trabajando ahí, ahora podía concentrarme por completo en terminar la universidad y obtener mi bachillerato. Después de que me despidieron de este trabajo, fui duro con mi mismo por la forma que se terminó esta situación, a pesar de que hubo cosas fuera de mi control. Era mi enfoque en conseguir un trabajo a tiempo parcial por el momento, para ayudarme a terminar mis estudios. Sólo queda un año y medio para completar mis estudios. Por no mencionar el hecho de que yo no tenía una gran cantidad de ayuda financiera. Debido a esto, necesitaba completar mi bachillerato antes de diciembre el 2016.

Un par de meses más tarde, la Sociedad de Autismo de Gran Orlando me ofreció ser parte de su junta de directores a partir de octubre de 2015. Sería la primera vez que una persona con autismo en la junta de directores. Este fue un paso importante en la continuación de mi trabajo voluntario en la comunidad de autista. Sin embargo, el despido en el banco me afectó en todos los ámbitos de la vida. Los últimos meses de 2015 y principios de 2016 serían algunos de los peores meses de mi vida. Esta vez, sin embargo, me llevaría más cerca de volver al área de desarrollo personal y el logro de una gran vida en el camino. A finales de 2015 y principios de 2016, yo, mi mamá, y mi hermano menor Paul estábamos muy desafiados. Nuestro contrato de renta no iba a ser renovado en la casa de alquiler que estábamos viviendo, y como consecuencia, teníamos que encontrar un nuevo lugar para vivir. Esto fue muy difícil porque estábamos luchando para encontrar un hogar para vivir. Hemos solicitado para diferentes apartamentos y todavía no pasaba nada. Nuestros niveles de estrés y ansiedad aumentaron a medida que la fecha que teníamos que desocupar la casa se acercaba. La situación estaba tan difícil, que estaba profundamente preocupado de que íbamos a terminar en la calle y sin hogar. No teníamos a nadie para ayudarnos. Me preguntaba y cuestionaba por qué estaba ocurriendo esto. Personalmente, no me importa lo que pase conmigo, pero yo estaba más preocupado por lo que le pasaría a la mamá y a mi hermano menor. La situación se agravó debido a que no tenía ningún ingreso. Conseguí un trabajo a tiempo parcial en un centro de llamadas en enero de 2016. Informé al apartamento solicitamos sobre el nuevo trabajo. Un par de días después, la solicitud del apartamento fue rechazada debido a que el nuevo empleador les dijo que era un trabajo a tiempo completo (esto fue una comunidad de apartamentos de ingresos restringidos). Debido a la situación de emergencia, terminé dejando ese trabajo después de que yo estuve allí por sólo dos días. Fue una de las peores experiencias de mi vida. No sabía qué más hacer. Afortunadamente, un par de semanas más tarde, nuestra solicitud fue revisada y se aprobó.

Afortunadamente, pudimos mudarnos al nuevo apartamento. Fue un gran alivio, pero todavía me sentía muy mal porque pasamos por esta situación por mi culpa. Me culpaba a mí mismo sin parar ya que culpando a otras no estaba funcionando. A pesar de atravesar por estas situaciones, esta vez me comprometí a mí mismo que no iba a renunciar. Sentí que, en lugar de profundizar en la oscuridad, estaba más cerca de lograr mis metas. Que había una luz al final del túnel y que ya era hora de seguir adelante y estar más cerca de la línea de meta. Era el momento de completar mi bachillerato y lograr victoria en mi vida.

RECUPERACIÓN (2016)

CAPÍTULO 27: A LEVANTARSE Y LUCHAR

En 2016, comencé el último año de universidad. Obtuve excelentes calificaciones en el semestre de otoño de 2015. Una de las clases importantes que tomé durante ese semestre fue el curso de mercadeo, la cual es una habilidad crucial en los negocios al igual que las ventas. Ahora, para el término de la primavera de 2016, me inscribí en las siguientes clases: ventas y negociaciones, principios de finanzas, sistemas de información y proceso empresarial. La clase de finanzas fui difícil y no pude aprender mucho; Sin embargo, conseguí una calificación de A en ese curso. La clase de venta y negociación fue también muy difícil, pero esta clase resultó ser la más importante. A pesar de que obtuve una calificación B, no estaba molesto con el profesor, porque me enseñó más sobre cómo mejorar mis habilidades de ventas sin importar el grado. Para mi, esta fue la clase más importante del programa de grado. No tenía las calificaciones que esperaba debido a las circunstancias de mudarme a un nuevo apartamento, pero pude sobrevivir el semestre de primavera de 2016 con buenas calificaciones.

Un evento importante ocurrió en abril de 2016. Después de no tener ingresos, acepté una oferta del Prof. Tom Walker para trabajar como asistente administrativo para el departamento de negocios. Le agradezco que me haya brindado esta oportunidad.

Mi objetivo ahora era completar mi bachillerato antes de diciembre de 2016. De lo contrario, perdería la ayuda financiera, la cual no tendría los recursos para ir a la universidad. Debido esta situación, tuve que tomar clases durante el semestre de verano de 2016. Me inscribí en las clases de simulación, gestión de proyectos y negocios internacionales. Tomar los cursos de simulación y gestión de proyectos al mismo tiempo iba a ser un gran desafío. Sin embargo, estaba concentrado en no dejar que la duda me dominara. Mi objetivo era completar estos cursos, de modo que pudiera tomar el curso final de capstone en otoño de 2016. Sería un desafío, pero tenía que hacerlo. Mientras asistía a la escuela y ahora trabajaba en la misma universidad, también trabajaba como voluntario en la junta de directores de la Sociedad de Autismo del Gran Orlando. Estuve agradecido por la oportunidad de ayudar a la organización, y era mi responsabilidad obtener apoyo para la organización como miembro de la junta. Esta fue la primera vez que también pude ver el funcionamiento interno de una organización sin fines de lucro. Una de mis tareas principales para la caminata de autismo en el 2016 fue obtener donaciones de la fundación Walmart. Para dar seguimiento a estas solicitudes de donación, llamé a casi todas las tiendas de Walmart y Sam's Club en la Florida Central. Incluso fui en persona a muchas tiendas de Walmart y Sam's Club en un esfuerzo por obtener donaciones para la caminata. Debido a este esfuerzo, pude mejorar mis habilidades de ventas. A pesar de que las ventas son un trabajo muy difícil para las personas en el espectro autista, estaba haciendo lo que podía para hacer las conexiones y obtener apoyo para la organización. Como resultado, pude obtener con éxito el apoyo de la Fundación Walmart para la caminata de autismo. Fue un proceso duro y difícil, pero fue hecho. Además de la recaudación de fondos, fui voluntario en diferentes eventos para la organización, a pesar de mi horario con el trabajo y la universidad. Debido a esto, sentí que no estaba haciendo lo suficiente para ayudar a la organización y hacer una gran diferencia en la comunidad autista. Ojalá hubiera hecho mucho más. Sin embargo, estoy orgulloso de lo que pude lograr para ayudar a hacer la diferencia en la comunidad.

Ahora, vamos de regreso al semestre del verano de 2016. La simulación para mí fue una de las mejores clases del programa. Mi preocupación inicial era que requería muchas estadísticas. Sin embargo, pude hacerlo bien y no tuve problemas con el programa de software llamado *Arena*. Este programa fue utilizado para crear modelos de procesos de negocios. Pude aprender mucho del profesor Richard Calloway. A pesar de ser solo seis semanas en una clase de alta intensidad, pude sobrevivir y obtuve una buena calificación. La gestión de proyectos fue un reto debido a la carga de trabajo y el proyecto en grupo. En general, fue muy bueno, y la clase de negocios internacionales fue interesante porque pude aprender cómo se hacían negocios en otros países. En general, pude completar todas las clases y ahora estaba listo para el último semestre de la universidad. Tenía emociones mezcladas por todo lo que había pasado y por lo que estaba pasando hasta ese momento. Todavía no sabía qué iba a pasar después de graduarme de la universidad, pero ahora mi objetivo era terminar y obtener mi bachillerato.

CAPÍTULO 28: EL REGRESO DEL DESARROLLO PERSONAL

Durante el verano de 2016, ocurrió un desarrollo muy importante. Debido a la frustración y el fracaso que tuve a lo largo de mi vida hasta el momento, un día decidí leer el libro "Me Retire a los 26 años" de Asha Tyson. Este es un libro del que había oído hablar cuando estaba en el área de desarrollo personal entre el 2010 hasta 2011, pero nunca lo leí. Ahora, en 2016, decidí darle una nueva oportunidad al desarrollo personal. Una vez que terminé de leer el libro, procedí a leer la versión original de las leyes del éxito de Napoleon Hill. Leí la versión del 1928 en 2011, por lo que me interesó leer la versión 1925 en el 2016. El libro tenía más sentido que la versión editada, y desde aquí pude aprender más sobre cómo lograr mis objetivos de vida y lograr la libertad financiera. Volviendo al desarrollo personal fue una experiencia muy depresiva. Había perdido años, especialmente los mejores años de mi vida, en una depresión clínica. Ahora, estábamos en el 2016, y estaba atrás en todas las áreas de la vida. Me estaba enfocando demasiado en mi edad biológica y en cuanto a si era demasiado tarde para lograr la vida de mis sueños. Me sentía muy deprimido cuando estaba volviendo a mi desarrollo personal. Originalmente, tenía el objetivo de convertirme en millonario y alcanzar la libertad financiera a la edad de 26 años, pero a esa misma edad todavía estaba lidiando con los desafíos de mi vida. El área con la que aún luchaba más era establecer relaciones sociales con otras personas. A pesar de esto, mi enfoque ahora era comenzar de nuevo con mis metas, pero la diferencia con respecto a los años 2010 y 2011 fue que esta vez el enfoque sería tomar medidas reales y masivas para finalmente lograr mis metas de la vida. No solo leer libros e invertir más en programas, sino realmente implementar la información que aprendí para lograr mis verdaderos objetivos. Estaba enfocado en completar la universidad y conseguir un trabajo. Aunque no tenía mi propio negocio en este momento en el verano de 2016, mi objetivo era mejorar lo que estaba aprendiendo para poder lograr mis objetivos. Estaba cansado de todos los obstáculos en mi vida. Mi objetivo era reiniciar mi vida y poder hacer una gran diferencia en el mundo.

CAPÍTULO 29: OBSTÁCULOS

Ahora, estamos en el semestre final de la universidad: el otoño del 2016 Para este semestre, tomé las siguientes clases: derecho mercantil, procesos empresariales, gestión de operaciones y lo más importante, capstone. Una clase de la que pude aprender fue la de derecho mercantil. Es importante estar muy familiarizado con las leyes y regulaciones locales, estatales y federales. Pero el curso de aprobación o fracaso de todo el bachillerato fue capstone. El verdadero desafío no era quién iba a ser el cliente para el proyecto, sino cómo iba a formar un equipo de estudiantes y estar en la situación correcta para completar el proyecto. Los proyectos grupales han sido una de mis mayores desafíos no solo en la escuela sino en la vida en general. En la escuela, siempre estaba haciendo la mayoría del trabajo y también los integrantes del grupo me faltaba el respeto porque tenía retos en la comunicación social con las personas. Tuve un par de proyectos grupales en la universidad, y siempre fue la misma historia. Para capstone, la misión era conseguir a las personas adecuadas y estar en la situación correcta. Capstone fue un proyecto grupal para todo el semestre. Tuve desafíos durante los proyectos grupales de las clases de gestión de proyectos y simulación. Para la clase de simulación, terminé haciendo la mayor parte del proyecto. Puedo entender que esta fue una clase de corto plazo. Para el proyecto de gestión de proyectos, dos estudiantes llamados Hiba y Dina de mi grupo de trabajo de simulación regresaron. Además de estos estudiantes, tuve otra estudiante llamada Maria de la clase de simulación y Adam, con quien tomé contabilidad gerencial en 2014. Trabajé con Adam antes en proyectos grupales en el pasado, y tenía una buena idea de lo que podría hacer por el grupo. No conocía muy bien a María, pero era amiga de Hiba y Dina, así que acepté su recomendación de traerla al grupo. Una cosa que me impresionó fue que ella tenía una amplia experiencia laboral y trabajo fuerte para el proyecto de gestión de proyectos. El problema con el proyecto fue que tampoco pude liderar de una manera efectiva con todos los participantes del grupo. Los desafíos continuaron durante el proyecto final de capstone. Para el proyecto de capstone, hubo otra estudiante que vino al grupo llamada Marie, que vino con mucho experiencia laboral y de liderazgo. Sin embargo, en el proyecto de capstone, hubo problemas de falta de comunicación y esfuerzo de algunos miembros del grupo. Comprendí que algunos estudiantes estaban pasando por diferentes circunstancias, como trabajar en un trabajo de tiempo completo, lidiar con otras clases, etc. Muchas veces, nuevamente terminé haciendo la mayor parte del trabajo por el bien de completar el proyecto. Pero al mismo tiempo, no podía culpar a los estudiantes que tuvieron un desempeño por debajo de las expectativas durante el proyecto. La persona responsable y culpable por estos desafíos fui yo. Fracasé como líder porque no manejé las diferentes situaciones correctamente, a pesar de tener problemas con la comunicación social. Además de los problemas de grupo, también tuvimos problemas para que se aprobara nuestra propuesta para el proyecto. Nuestro cliente para el proyecto fue la ciudad de Sanford, Florida. Esto fue histórico porque fue la primera vez que la ciudad de Sanford participó en el programa de capstone en Seminole State College. La ciudad de Sanford quería que presentáramos una propuesta para ayudar a las personas mayores a utilizar Uber como una alternativa de transportación. El proyecto piloto de Uber permitió a los ciudadanos de Sanford utilizar Uber por un descuento. Nuestro equipo trabajo en una propuesta, la cual crearía un programa de embajadores. Este programa consistiría en un internado la cual estudiantes universitarios ayuden a las personas mayores en términos de cómo usar Uber. El desafío era lograr que el proyecto se realizara en solo 3 semanas, ya que la propuesta fue aprobado de una manera tardía por la ciudad de Sanford y Uber. Esto provocó un cambio en los roles en los que cada participante iba a trabajar, lo que trajo más desafíos para todo el grupo. Una vez más, terminé haciendo más de lo que se esperaba como líder del proyecto. A pesar de esto, una vez más no puedo culpar a los demás por los contratiempos en el proyecto. Independientemente de mi discapacidad, esto no puede ser usado como una excusa para fracasar como líder del grupo. Debido a la incapacidad de manejar las situaciones con los participantes del grupo, me preguntaba cómo podría tener un negocio si no pudiera dirigir un grupo universitario de manera efectiva y eficiente. A pesar de estos obstáculos, finalmente pudimos completar el proyecto a tiempo. Nuestra presentación final de capstone fue una de las más largas en la historia del programa de bachillerato, pero recibió excelentes críticas, especialmente de la Ciudad de Sanford. Debido a esto, nos invitaron a hacer una presentación resumida del proyecto frente a la comisión de la Ciudad de Sanford, Florida. La presentación fue el 12 de diciembre de 2016, dos días antes de la graduación. Fue nuevamente recibido con excelentes críticas. No sé cómo pudimos completar con éxito este proyecto, a pesar de todos los contratiempos y desafíos. Lo importante es que se hizo, ¡y obtuvimos una calificación excelente en capstone! En general, pude obtener A para todas las clases en mi último semestre universitario. ¡Finalmente, todo estaba hecho!

CAPÍTULO 30: EL TRIUNFO: ¡GRADUACIÓN!

¡Finalmente, el día que he estado esperando ha llegado! El miércoles 14 de diciembre de 2016, finalmente me gradué con mi bachillerato en administración de empresa e información con una calificación de 3.7 puntos "A". Con esta calificación, recibí honores de Magna Cum Laude. Después de que me dijeran que no volvería a la universidad, después de todos los desafíos y todo lo que había sucedido en mi vida hasta este punto, todo eso me había llevado a este momento. Este no era el objetivo final de mi vida, pero finalmente pude lograr una meta muy importante. No solo me había graduado, sino que también me reconocieron como un estudiante universitario que se graduó en el espectro del autismo. Me sentí que estaba en un sueño cuando la presidenta de Seminole State College me pidió que me levantara y estuviera parado al frente a miles y miles de personas en el coliseo. La presidenta de la universidad mencionó mi historia, me reconoció por mi trabajo voluntario, el proyecto final de capstone y por haber graduado con mi bachillerato. Cuando se ofrecieron a hacerme este reconocimiento, no estaba seguro de querer hacerlo. El motivo es que hasta ese momento no quería revelar mi condición del espectro autista (Asperger) y solo quería mantenerlo oculto. La razón de ello fue que no quería que otras personas supieran sobre mi discapacidad por diferentes motivos (desempleo, usar el autismo como excusa, etc.). Lo que más me preocupaba era ser considerado una persona que no pudiera trabajar en el mercado porque si presentaba una solicitud de trabajo y decía que tenía autismo, sería rechazado por el trabajo. No quería estar en una situación de desempleo debido al autismo. Sin embargo, al mismo tiempo, mi trabajo de defensa para las personas en el espectro autista siguió creciendo, y comencé a sentir que tenía la responsabilidad de ayudar a aquellos que tenían desafíos en el espectro para lograr una vida mejor. Quería hacer algo para ayudar a todos los autistas alrededor del mundo a obtener las oportunidades para que cumplieran una mejor calidad de vida. Por eso acepté la propuesta para ser reconocido. Este reconocimiento, al final, no fue para mí. El reconocimiento fue para todos los que no solo tenían autismo, sino también otras discapacidades en el mundo. Fue para mostrar a la sociedad que las personas con autismo y otras discapacidades no son una carga.

UNA VIDA AUTISTA SIN LIBRETO

Fue un reconocimiento que sirve como testimonio de que las personas con autismo son capaces de vivir una gran vida y hacer la diferencia. El objetivo del reconocimiento fue un llamado a tomar medidas significativas para crear programas clave para ayudar a las personas con autismo a lograr una vida más independiente y exitosa. Además, la universidad publicó un artículo sobre mi reconocimiento en la graduación, el proyecto final de capstone y mi trabajo en la comunidad de autismo. Sin mencionar que el *Orlando Sentinel* también hizo un artículo sobre mis logros. El triunfo estaba aquí, y pude demostrarle a las personas que me desearon lo peor de mi que vine aquí para hacer una diferencia significativa en el mundo y que sus deseos no iban a detener mi misión. Esto me mostró que podía lograr mucho más en la vida. No sé qué iba a pasar, pero sabía que esto era solo el comienzo. Estaba en mí lograr una mejor vida. Mi tiempo es ahora.

CON MI MADRE EN LA CEREMONIA DE GRADO DE BACHILLERATO

CON MI PADRE EN LA CEREMONIA DE GRADO DE BACHILLERATO

SER RECONOCIDO COMO UN GRADUADO UNIVERSITARIO CON
AUTISMO

EL CAMINO POR DELANTE

(2017-PRESENTE)

UNA VIDA AUTISTA SIN LIBRETO

Termine el 2016 con mi bachillerato de la universidad. La única área, sin embargo, en la que fallé nuevamente fue hacer nuevos amigos. En esta universidad, luché para formar nuevas amistades. A pesar de los desafíos actuales, Seminole State College en Florida fue una experiencia excelente y gratificante. El bachillerato no era la solución final no para ayudarme con mis metas de un negocio, pero al menos me ayudaría al final en cumplir mi propósito de vida. Tenía la ventaja después de la graduación. Sin embargo, el año vino con viejos y nuevos desafíos. Comenzamos el 2017 haciendo una búsqueda de trabajo y tratando de ser más independiente en mi vida. Sabía cuáles eran mis metas, pero estaba luchando para llegar allí. No tenía una mente clara en términos de negocios y qué hacer. Además, no tenía ninguna experiencia en inversión. Y nuevamente, no tenía realmente una red sólida de contactos y amigos que realmente pudieran ayudarme. Perdí demasiado tiempo solicitando trabajos que ni siquiera me iban a ayudar a adquirir las habilidades necesarias para iniciar y administrar un negocio. Mientras hacía esto, estaba trabajando para encontrar formas de crear ingresos pasivos a través de los negocios, inversiones y otras fuentes de ingresos fuera de un trabajo. Fue frustrante para mí estar perdiendo el tiempo de manera deficiente y luchando con mis metas. Estaba confundido en cuanto al camino de seguir hacia el cumplimiento de mis metas.

Esto me llevó a encontrar un trabajo temporal que podría ayudarme con mis finanzas hasta que llegué a la mejor situación para tener éxito. El primer trabajo que obtuve fue como aprendiz de administración de "ventas" en una compañía de préstamos. Pero la posición era engañosa porque se trataba de un especialista en préstamos y una posición de cobrador. Así que me fui después de sólo un mes. Pero mirando hacia atrás, este es un trabajo en el que debería haberme quedado más tiempo después de ver lo que vino después. Debido a las dificultades que tuve en este trabajo y debido a los malos consejos, decidí buscar un rol de servicio al cliente en lugar de ventas. Los siguientes dos trabajos que obtuve fueron en puestos de centros de llamadas. Esta fue la primera vez que trabajé en un centro de llamadas. Era diferente del ambiente cara a cara al que estaba acostumbrado. Estaba centrado en atender llamadas, lidiar con la multitarea y tratar con clientes enojados por teléfono. No solo estaba teniendo dificultades, sino que no estaba aprendiendo las habilidades necesarias para construir un negocio. Sin mencionar que la paga no fue suficiente para mudarme. Esa fue la razón por la que dejé una posición de centro de llamadas después de estar allí durante tres meses y fui a la siguiente posición. Pagaba un poco más, pero estaba gastando más dinero en gasolina y en el desgaste del automóvil. Una vez más, me enfrenté a los mismos problemas en el trabajo, que atravesé en el centro de llamadas anterior. También sentí que estaba perdiendo el tiempo porque en ese momento tenía una visión más clara en términos de qué negocio trabajar o eso pensé.

Mientras hacía estos trabajos, me centré en trabajar en mi plan de negocio durante mi tiempo libre. A principios de 2017, me conecté con un entrenador de negocios. El me ayudó a aclarar mis ideas de negocios y luego procedí a trabajar en una de las ideas de la lista. Lo más extraño de esta idea es que lo pensé antes en el 2010. Mientras miraba mis diarios, yo pensé en construir una organización que ayudara a las personas con autismo. No sé por qué no actué en ese entonces. Sin embargo, desde que he estado en organizaciones sin fines de lucro, ahora tenía una perspectiva amplia sobre el autismo basada en la experiencia personal y laboral.

Quería hacer algo para ayudar a los adultos autistas. La razón es que vi que había una falta de conciencia y servicios para los adultos en el espectro. No sabía exactamente cómo lo iba a hacer, pero sabía que tenía que encontrar la manera de hacerlo. Intenté trabajar en un plan de negocios. Sin embargo, estaba luchando con los aspectos del plan de negocios, como las finanzas, la organización, cómo cobrar por los servicios y en lo que realmente nos centraríamos. Pude hacer una encuesta de investigación para conocer las verdaderas necesidades de los adultos con autismo. Estaba haciendo todo lo que podía para poner en marcha este proyecto. Sin embargo, todavía estaba detrás. Entonces pensé que tal vez debía dejar de trabajar en un trabajo a tiempo completo para entonces concentrarme completamente en el negocio. Entonces, dejé mi tercer trabajo en el año. Después de esto, estaba luchando nuevamente con el plan de negocios. No sabía qué más hacer, y estaba entrando en otro episodio de depresión porque estaba intentando y fallando con mis objetivos en la vida. Pensé que, al volver al desarrollo personal en el verano de 2016, finalmente iba a lograr mi libertad financiera y tener una vida plena. Sin embargo, en el área que más he luchado, estaba fallando una y otra vez. Esa área fue de nuevo la comunicación social y las dificultades en hacer relaciones con otras personas. Uno de los objetivos que me propuse hacer en 2016 era crear una red de amigos y conexiones de todo el mundo. Usé sitios de web como *meetup* para ir a diferentes eventos y traté de encontrarme con gente, y tuve cierto éxito por un corto tiempo, pero aún así no funcionó. Incluso intenté entrar en un negocio multinivel (en el que pensé también en unirme en 2010/2011) para conocer a personas de ideas afines, pero eso aún no funcionó. No importa qué, no estaba haciendo amigos de verdad.

A pesar de que el 2017 fue un año desafiante, hice algunas cosas buenas e importantes. Primero, pude ir a la Celebración de Star Wars 2017 en Orlando, Florida, el mismo lugar donde se celebró la Celebración de Star Wars VI (2012). Fui los cuatro días y me divertí muchísimo. Pude ver a George Lucas en persona otra vez, y por primera vez, ¡pude ver a Harrison Ford en persona! Esto fue durante el panel del aniversario número 40 de Star Wars durante el primer día de la convención. Sin mencionar que después del panel, presencié un concierto de Star Wars en vivo con el mejor compositor, John Williams. No podía creer que estaba en la misma habitación y al mismo tiempo con mis ídolos, al igual que la experiencia de la Celebración de Star Wars en Anaheim. Aunque la experiencia que tuve no fue tan histórica como la celebración de Star Wars Anaheim, fue increíble. Fue genial estar esos 4 días en el universo Star Wars y pude divertirme con otros fanáticos de Star Wars. El único inconveniente, una vez más, fue el fracaso en la creación de nuevas amistades y conexiones. Además, durante el 2017, comencé a ser voluntario con la organización de ASD Adult Achievement Center (una organización que ayuda a adultos jóvenes con autismo) como uno de los asistentes de su programa y coordinador de recaudación de fondos.

EN EL MALL NACIONAL DE WASHINGTON, DC

Otro evento importante durante este año fue que pude aumentar mi presencia en las redes sociales e internet. Creé mi propio canal de YouTube e hice videos hablando sobre el autismo y ayudando a otras personas a lograr su propósito en la vida. Además, creé mi sitio web y comencé a escribir blogs en 2017. También, comencé a hacer ventas en línea en eBay. A principios de 2018, pude obtener un empleo a tiempo completo como gerente.

Mi enfoque ahora es trabajar para lograr la libertad financiara y de tiempo en mi vida. Además, planeo viajar por todo el mundo en los próximos años. A pesar de que mi vida no está como yo quisiera en este momento, realmente creo que lograré mi propósito de vida al final de este camino.

PALABRA FINAL

Así que ahí lo tienen. Esta es mi vida autista sin libreto. Ha sido un viaje desde el momento en que nací hasta el presente. No fui verbal hasta los 4 años, e incluso después de eso, las dificultades con la comunicación verbal continuaron durante la escuela primaria. Se mejoró, pero todavía tengo mis problemas de vez en cuando. Siempre creí desde que era niño que había algo diferente en mí, aunque no me enteré del autismo o síndrome de asperger hasta los 14 años. Mi mayor desafío ha sido y sigue siendo la comunicación social y el desarrollo de relaciones con otras personas. No importa qué; tuve dificultades para relacionarme con las personas, especialmente durante mis años en la escuela. Me retiraron del programa de educación especial en el segundo grado porque mis habilidades verbales mejoraron significativamente y pude funcionar "normalmente" con los niños normales. Pude sobrevivir después de haber sido excluido de la educación especial, pero los desafíos persistieron. Fui intimidado por otros por mi forma de ser. A pesar de esto, estaba concentrado en no dejar que mis problemas me controlaran y pude completar mi primer logro clave, que era graduarme de la escuela superior. Por mucho tiempo, culpé a mi discapacidad por todos los problemas de mi vida y porque estaba luchando y quería ser normal.

Sin embargo, en los últimos años, comencé a aceptar mi autismo, pero al mismo tiempo no permitir que el autismo controle y determine mi vida. A pesar de tener autismo, pude trabajar en trabajos que requerían tareas múltiples, servicio al cliente, ventas y una comunicación social intensa. A pesar de los desafíos de comunicación social debido al autismo, pude asistir a eventos y tratar de hacer conexiones con otros profesionales y gente de negocio. A pesar del autismo, pude liderar a un equipo de 5 estudiantes universitarios para que trabajaran y completaran un proyecto para una ciudad y poder presentarlo frente a la comisión de esa misma ciudad. A pesar del autismo, pude volver a la universidad y graduarme con mi bachillerato en 2016, siendo uno de los pocos que se han graduado de la universidad en el espectro del autismo. A pesar del autismo, he podido ayudar a hacer una diferencia en la comunidad desde mi primer trabajo como voluntario en Puerto Rico hasta ser miembro de la junta directiva de una organización de autismo.

UNA VIDA AUTISTA SIN LIBRETO

Hoy, en lugar de ver el autismo como una desventaja, he aprendido a ver el autismo como el mejor activo de mi vida. El hecho de que la gente diga que no me parezco a una persona con autismo no significa que ya no la tenga. Todavía trabajo con los desafíos del autismo todos los días. Es solo que no dejo que controle y determine mi vida. El autismo me ha dado el papel de una vida de servicio a los demás en la sociedad. En otras palabras, me ha ayudado a cumplir la misión de ayudar a otros en la comunidad. A pesar de que se ha progresado en términos de programas y servicios para ayudar a las personas con autismo en la infancia, todavía hay una falta de conciencia y servicios para adultos con autismo. La sociedad necesita saber que el autismo no termina cuando cumples 18 años, sino que es una condición de por vida. A pesar de esto, no tenemos que permitir que el autismo determine nuestras vidas.

Mi objetivo es continuar abogando en nombre de las personas con autismo, desde niño hasta adulto, para obtener mejores programas y servicios que les ayuden a lograr una vida más independiente y mejor. Independientemente del nivel de funcionamiento, todas las personas con autismo tienen un papel importante como los agentes del cambio que el mundo realmente necesita. Como viste a través de mi historia, pasé por muchos desafíos. También tuve dificultades en resolver esos problemas. Aunque haya sido capaz de superar algunas de esas barreras, hoy en día hay otras personas con autismo que están atravesando por estas barreras. Esas personas están haciendo todo lo posible para tener una mejor calidad de vida. Independientemente del nivel de funcionamiento, las personas con autismo necesitan oportunidades para demostrar a la sociedad que también pueden lograr y hacer grandes cosas por el mundo.

UNA VIDA AUTISTA SIN LIBRETO

En conclusión, debemos continuar creando conciencia, aceptar a las personas con autismo como miembros integrales de la sociedad y tomar medidas significativas para ayudar a aquellos que están en el espectro autista tener una mejor vida. Reto a todos en el mundo a enfocarse en el propósito autista todos los días. Trabajemos juntos para crear una sociedad en que las personas con autismo puedan hacer una diferencia positiva y duradera en el mundo.

¡GRACIAS!

TONY HERNANDEZ PUMAREJO

SOBRE EL AUTOR:

Tony es un defensor de las personas con autismo y otras discapacidades. Se graduó con su bachillerato en administración de negocios e información en Seminole State College of Florida en diciembre de 2016 con una calificación de 3.7 "A". Se graduó con honores de Magna Cum Laude. Fue reconocido por la presidenta de Seminole State College, la Dra. Ann McGee como un ejemplo de dedicación a través de su trabajo en la comunidad y sus logros educativos y laborales como graduado en el espectro del autismo. En su último semestre universitario, se desempeñó como líder del proyecto para el proyecto capstone, en colaboración con la Ciudad de Sanford, Florida, en relación con el proyecto piloto de Uber.

Se desempeñó en la junta directiva del Autism Society of Greater Orlando entre el 2015 al 2017. También trabajo con el ASD Adult Achievement Center como uno de los asistentes del programa y coordinador de recaudación de fondos.

Tony actualmente escribe un blog en su sitio web: https://www.tonyhpuma.com

CONTACTO:

¡Déjame saber cómo puedo ayudarte!

Si tiene una consulta o desea enviar una petición para hablar, no dude en ponerse en contacto conmigo al siguiente correo electrónico: tonyhpuma@gmail.com

PUEDES SEGUIR A TONY EN
Facebook: https://www.facebook.com/tonyhpuma

Twitter: @tonyhpuma

YouTube: https://www.youtube.com/user/TheJedimaster360

Instagram: @tony_hernandez_pumarejo

Made in the USA
Columbia, SC
25 November 2019